玩转投资

赵梓鉴◎著

中国出版集团

中译出版社

图书在版编目（CIP）数据

玩转投资 / 赵梓鉴著. -- 北京 ：中译出版社，
2024.6
ISBN 978-7-5001-7911-5

Ⅰ.①玩… Ⅱ.①赵… Ⅲ.①投资-基本知识 Ⅳ.
①F830.59

中国国家版本馆CIP数据核字（2024）第101317号

玩转投资
WANZHUAN TOUZI

出版发行：中译出版社
地　　址：北京市西城区新街口外大街 28 号普天德胜大厦主楼 4 层
电　　话：010-68002876
邮　　编：100088
电子邮箱：book@ctph.com.cn
网　　址：www.ctph.com.cn

责任编辑：张　旭

印　　刷：天津睿和印艺科技有限公司
经　　销：新华书店
规　　格：710毫米×1000毫米 1/16
印　　张：16.5
字　　数：176千
版　　次：2024 年 6 月第 1 版
印　　次：2024 年 6 月第 1 次

ISBN 978-7-5001-7911-5　定价：98.00 元

前　言

　　赚钱是我学习经济学和金融学的动力，2004 年，我来到北京，一开始就接触房地产，赚了一点点小钱，在北京也购置了一些房子。但是在 2008 年的时候，由于受到金融危机的冲击，房价暴跌 30%，导致我手里零首付的房子出现了大幅的缩水，从而造成 2008 年生意的巨额亏损，我第一次感受到了金融危机导致资产迅速缩水的那种压力。

　　从那个时候起，我就有一种感觉，如果我不明白世界经济在发生着什么，以什么样的规律在运行，我不管赚多少钱，有一天也有可能突然归零。

　　自那以后，我开始重新规划自己到底要从哪个方面要继续来提升自己对经济规律的了解。

　　我开始多读书，每天晚书上看书到凌晨三点，有时候看到天亮，坚持了两年多的时间，这让我对全球的经济规律有所了解。之后，我又在学校读了三年的研究生，在 2008 到 2012 这 5 年的时间，我完善了对全球经济运行规律的初步了解，也完善了对全球货币知识的了解。

对货币知识的了解，是打开我创造财富的窗口。因为我要想赚钱，就必须要了解全球的货币逻辑，也就是它是怎么发行、怎么流通、怎么会变成财富被所有人去掌握，会流到每个人的口袋里面。

所以，在读研究生的时候，我就开始迷恋并深度研究美元霸权机制的运行逻辑，终于弄明白美国的国债是向全世界输送货币的核心窗口。

在研究完美元之后，我又回过头来看我们人民币的发行逻辑，充分感受到了地方债作为地方政府引流制定的窗口，是拉动我们经济的原动力。

了解完这些货币运行的逻辑以后，首先关于从宏观的角度把握经济运行的节奏我找到了一定的方法，关于后续布局我也找到了一些可以入局的窗口。

2013 年以后，我开始在部分平台崭露头角，尤其是在一些总裁班里边。借助自己的专业知识来给大家分析解读全球经济的运行逻辑，以及国内人民币的发行逻辑。在课堂上，我有了自己的一席之地，也积累了一定的粉丝。

2014 年，我和别人合作成立了股权型基金，后来又拉着几个人成立了证券型基金，进入了基金的投资市场，真正进入了金融学的范畴。但进入这个市场以后，我突然发现，过去学的很多经济学的知识不足以支撑我在金融体系里边大展拳脚。

所以，这个时候要重新再击穿如何借助现有的金融工具，把它做得很好，但是事与愿违。

刚开始布局的时候，有一点小小的收获，再加上2015年的好行情，收获了百分之几十的收益，但是进入2016年，尤其是2017年的时候，整个基金的运行情况大幅地下滑。这让我对金融学产生了巨大的抵抗，我发现自己没有如此大的驾驭能力，虽然我在疯狂地打造和运营团队，想尽一切把这件事儿做好。包括成立了自己的职业期货量化交易团队、成立了相应的股票量化交易团队，但是在市场不是特别好的时候，我们会发现，不是说你想怎么办，市场就会有什么样的收益，而最终市场的颓废给你带来的就是足够大的压力。

所以，我深刻地认识到，如果想在金融的体系上站稳脚跟，需要学习更多的东西。

于是，进入2018年，我开始进行金融学方面的知识提升，了解股票运行的逻辑，了解债券市场运行的逻辑。而这两个方面彻底让我明白，在现有的金融体系里边，各式各样的金融工具以及各式各样金融衍生品的操作，对现有的债券市场和现有的股票市场有多么深的影响。

我深刻认识到今天作为一个职业的投资人，想真正对这个市场有充分的了解，要学的东西太多了，这些所要学的东西并不能带来足够多的回报，反而会不断地去加剧欲望的放大，会种下一个不好的诱因。

欲望放大以后，会导致人在某些场景里边去搏一把，会加大自己的仓位，会放大自己的杠杆，而且导致在某些场景里边，一旦自己稍有失误，亏损就会很严重。

所以，在经历过 2018 年和 2019 年的金融市场以后，我给自己定了一条规则：不碰钱是金融体系里边最赚钱，或者说，不碰钱是在金融体系里边最容易赚到钱的方法。

那么，什么叫"不碰钱"呢？因为我们想在这个市场里边了解客观运行的规律，核心就是把握一个投资的方向，但是你要想把握投资方向，核心是你要做成一个旁观者，所以我们通常说旁观者清。如果你是入局者，你一定是迷的，一旦进去以后，你对市场就不能有一个客观公正的认识，因为我们的思维偏向性会带领你去审视这个市场是否客观，会引导我们进入一个主观预判的偏向性的误区。

所以，避免发生这种现象最好的方法就是不碰钱，不碰钱的核心就是你不要亲自去触碰这个市场，作为投资人，你是要把控入局的时间的节点，而不是自己参与博弈。所以这个让我真正地感受到了在金融学的体系里边，为什么真正的高手都在旁边站着看，而只有悟到学会了这一点，才能在合适的时机捕捉到合适的时间节点。

而真正不碰钱，核心就是我们少集资。因为集资有成本，一旦无法支付这些成本，人就会干出一些匪夷所思的事情。在现在的金融市场里边，出现了很多归还不了钱的诈骗情况，核心都是因集资所产生。所以从这个角度看，对于所有投资人，想赚到钱和赚多少钱有时候是分不清的，想赚到钱是能力所决定，赚多少钱是机遇所决定。

所以，我们要想在金融市场里边有所收获，首先要具备想赚钱的能力。但是要赚多少钱，一定是由机遇所决定，我们不要刻意而为之。

在这本书里边，我用自己的亲身感悟描述了我这15年的投资之路。

我希望用自己的投资感悟和我在金融学及经济学的知识汇集成的一些观点和策略，帮助更多的投资人在这条路上走得更稳，走得更远。

赵梓鉴

2024 年 3 月 6 日于北京

目　录

第1章　心态决定一切——投资思维

感性与理性···002

反身性理论···007

博弈思维···010

守正出奇···013

九条铁律···016

第2章　财富的源泉——货币的流通

货币的发行和流通···022

货币供应量···026

货币的汇率···033

不可能三角···036

外汇储备 ……………………………………………………… 042

货币的锚 ……………………………………………………… 047

信用货币 ……………………………………………………… 051

美元的运行机制 ……………………………………………… 056

第3章　真正让你的钱生钱——外汇投资

外汇是国家之间的博弈 ……………………………………… 062

常见的外汇交易方式 ………………………………………… 069

全球五大外汇交易平台 ……………………………………… 076

外汇交易规则 ………………………………………………… 082

外汇交易理论模型 …………………………………………… 084

外汇交易的常用技巧 ………………………………………… 088

马丁格尔策略 ………………………………………………… 091

第4章　抓住机会很重要——房地产投资

房地产永远是你关注的一个投资产品 ……………………… 096

房地产是向市场输送货币的最佳通道 ……………………… 100

房产投资需要"策略" ……………………………………… 103

低成本投资也能赚取高收益 ………………………………… 105

怎样找到最佳投资房产 ……………………………………… 108

不动产信托是一个不错的选择 ……………………………… 113

第 5 章　一条疯狂的赛道——股票投资

IPO：一个股权变现的场景 ………………………………… 118

决定股票价格的三要素 ………………………… 122

看"大势"是股票投资的关键 ………………… 135

海龟交易策略 ………………………………… 140

多因子选股 …………………………………… 144

双均线策略 …………………………………… 147

第 6 章　擦亮你的双眼——股权投资

股权投资要学会看透假象 ………………………… 152

长期股权投资的特点和类型 …………………… 158

股权投资是风险游戏 ………………………… 162

普通人如何进行股权投资 ……………………… 165

私募股权投资基金 …………………………… 168

第 7 章　你离不开的一个投资品种——基金投资

市场中常见的基金类型 ………………………… 174

基金经理的能力很重要 ………………………… 178

量化基金是你最好的选择 ……………………… 181

阿尔法策略 …………………………………… 184

用货币型基金打理闲钱 ………………………… 187

债券型基金也需要投资技巧 ·············· 191

适合分散投资的混合型基金 ·············· 194

高风险高回报的股票型基金 ·············· 196

第8章　只有大行情你才有机会——期货投资

让人着迷的期货市场 ·············· 200

学会不交易，你才能会交易 ·············· 204

期货市场的"安全边际" ·············· 208

跨期套利 ·············· 212

跨市套利 ·············· 216

跨商品套利 ·············· 221

第9章　回报高风险也高——期权投资

什么是期权 ·············· 226

期权投资的独特优势 ·············· 231

黄金期权 ·············· 234

大宗商品期权 ·············· 237

股指期权 ·············· 239

个股期权 ·············· 242

大宗商品期权 ·············· 237

股指期权 ·············· 239

个股期权 ·············· 242

第 1 章

心态决定一切——投资思维

一位哲人说过："你的心态就是你真正的主人。"在投资这条道路上，心态在很大程度上决定着你的盈亏！没有不赚钱的投资，只有不赚钱的操作，心态是投资成败的关键因素，不同的心态就会导致不同的结果。投资是一场没有尽头的修行，在路上你会收获喜悦、悲伤、感动、甚至愤怒。亏损不悲，盈利不喜，心态平和方为大道。

感性与理性

感性思维和理性思维是人类思维的两种重要方式，这两种思维既独立存在又相互影响。感性思维是指基于感觉和情感的一种思维方式。它是一种主观的、个体化的思维方式，侧重于个人的感受和体验。感性思维强调对事物的直接感受和感知，注重感觉和情绪的反应，更多的是凭借感觉判断和决策。

理性思维是一种客观的、普遍化的思维方式，主要以逻辑推理和深入分析为基础，侧重于以理性为导向的思考和判断。理性思维注重逻辑的正确性和科学的可行性，强调符合事实和规律的推理过程。

感性思维和理性思维虽然有一些区别，但它们并不是对立的关系，而是相互补充和促进的关系。感性思维强调主观的情感和直觉，而理性思维则注重客观的逻辑和推理，它们在人类思维中起到平衡的作用。在日常生活中，感性思维和理性思维相互交织，共同参与认识、情感、决策等过程。

我们来举例说明一下：

大家在学习汽车驾驶的时候，是用理性思维系统指挥着自己的手和脚，指挥自己用眼睛认真观察，用耳朵注意听。因为这个时候，汽车驾驶对于你来说是一个新鲜事物，你没有接触过。在没有接触过某个事物的时候，你必须通过理性来判断和分析，不断地推演，形成一套完整的系统，并且最终能够传达给感性思维系统，为最终决策提供参考依据。

当教练教你踩刹车技巧时，你的理性思维会马上思考，原来这个时候要踩刹车；当教练教你踩油门技巧时，你会思考什么时候应该快点踩，什么时候应该慢点踩……教练对你传达的所有信息，都会导致你的理性思维系统不断在做分析、推演和迭代。

但是，当你熬过了一个非常艰苦的过程以后，你会发现自己要实现一个目的，不需要再去做理性分析，这才是最终学会了。当你开车在道路上行驶的时候，你根本不会犹豫在什么时候踩刹车，什么时候加速，什么时候挂挡，什么时候打转向灯，你已经完全掌握了驾驶技术，内化为一种本能的身体动作，根本不需要再用理性思维系统去分析了。

所以我们会发现，我们的思维逻辑是由理性思维系统帮你做前期的分析和推理，然后传达到后端感性思维系统去帮你做判断和决策。

但是，如果你一直以感性思维系统为主导，理性思维系统就会滞后，这很可能造成决策的失误。

假如你要跟朋友合伙开一个饭店，你没有这方面的经验，你会发现，你可以有三种选择：

第一种，你找一家非常顶级的餐饮公司，然后加盟合作；

第二种，你找几个合伙人，一块儿开家饭店；

第三种，你自己打造一个后厨团队，一切由自己操办。

当你碰到了餐饮这个不熟悉的领域，首先应该是进行理性的分析和推理，但由于你没有这方面的知识储备，缺乏分析推理的基础，这时候你的感性思维极有可能会误导你，使你完全凭借主观想法去决定能做还是不能做这件事情。

如果你有一定的知识储备，再考虑这件事的方式就会不一样。

还是以开饭店为例，在开店前，你可以先听一听在该领域内的专家意见，研究他们是怎么干的；你可以参加一些餐饮协会组织的论坛；你可以多结交一些餐饮行业的朋友，经常去跟他们聊聊天；等等。在经过一系列调查研究后，通过深入翔实地分析推理，最后选择适合自己的开店方式。这样才是一个正确的做事逻辑，先用理性思维来做前端充分的分析和推理，再做出正确的决策。

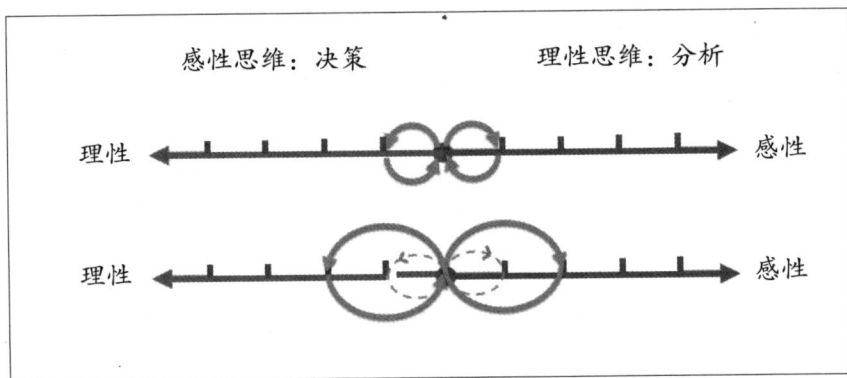

图 1-1　决策与分析

当你碰到自己不熟悉的领域，让你的理性思维占领你的思想高地，而不要让你的感性思维盲目地帮你去做决定。

避免我们在任何一个场景走弯路的核心方法，就是你要了解这个场景核心的、客观的运行规律，要不断使用你的理性认知。

一个人思维结构的最佳状态就是你的理性思维和感性思维处于一种平衡的状态。我们一定不要让感性思维去逆向引导理性思维，因为它越转越死，越转越小，你的认知会变小。

坐井观天的故事大家都非常熟悉，因为青蛙是用感性思维去判断事件，而不是用理性思维去分析事件。它没有庞大的理性思维分析体系，所以它感知这个世界是用自己的现有认知，导致自己的视野只有井口那么大。

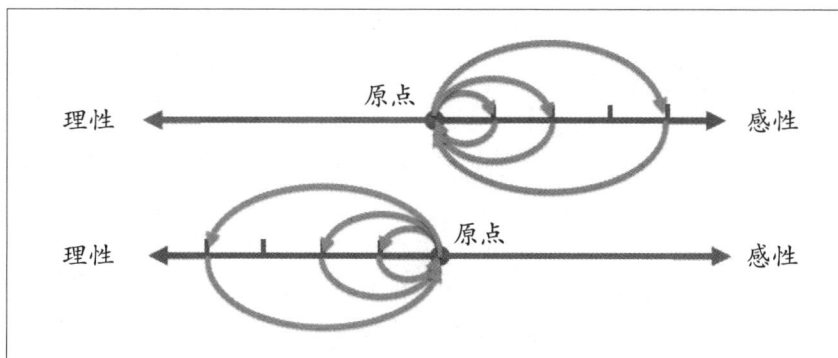

图 1-2　思维习惯

人的思维习惯对投资行为会有非常大的影响。如果把人的思维系统按年级划分，一年级的人是一个认知比较低的人，这时候他的操作逻辑极其简单，通过信息的变动去操作频繁的交易，认为自己这样做就能够获得相应的收益。说明这个时候他的理性思维系统根本就没有足够强的延展，也就是一年级的人可能就这点儿理性，仅限于一个外界信息的干扰，然后传达到他的感性思维系统，进行决策。

当你上升到二年级的时候，首先受到挑战的是你的理性系统，你要拓展自己认知边界，所以这时候你要研究 k 线的波动原理和均线原理等相关理论知识，逐渐形成一些逻辑体系，最后指导自己去做决策。

如果你到了三年级的水平，触碰的领域更深，比如开始聚焦研究企业的基本面、产业链和企业自身的价值等，进而挑选市场中被严重低估的企业或者现在具有巨大机会的行业进行投资。

这样，你往后可以继续上升到四年级、五年级等，随着你的专业知识越来越多，你的思维习惯会越来越有利于你的投资决策。

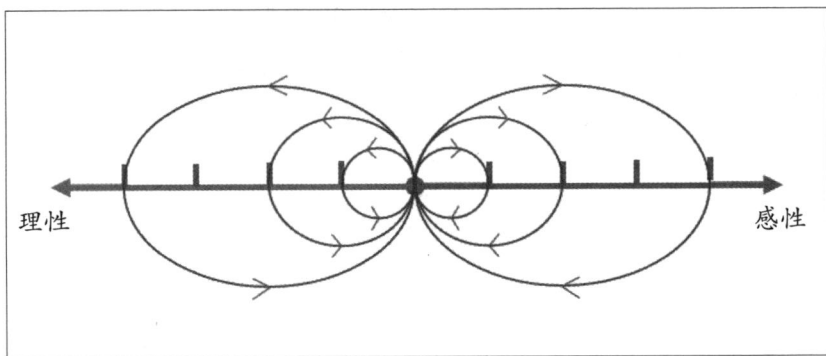

图 1-3　打破认知体系的边界

我们可以把认识比喻成一个球，或是一个阴阳图，它时而旋转至感性的位置，时而旋转至理性的位置。认识旋转至感性，会推动人作出一定的决策和推断，然后继续旋转至理性，推动人继续作出分析。当这个圈越转越大，认知体系的边界就会被一层一层地打破，知识结构也会越来越扎实。在判断事物客观运行规律时，不断被打开的认识有助于增强人剖析真相的能力。

如果你一直致力于打开自己认知的边界，致力于在你所熟悉的场景里边让自己的边界不断地扩开，那么你就知道自己在里边该扮演什么角色，你到底是当将军，还是当军师，你到底是在里边当千里马，还是要在里边当伯乐，你的定位会越来越清晰。

反身性理论

"反身性"这个概念很晦涩，我们先来看一个命题：一个罗马人说，所有罗马人都撒谎。请问这个罗马人的话是真命题还是假命题？如果相信他，那么就面临一个逻辑悖论：承认了至少有一个罗马人说真话，从而又否定了他。这就是著名的"说谎者悖论"。

英国哲学家罗素面对这个悖论的时候认为应该把命题分为涉及自身的陈述和不涉及自身的陈述两种，如此就可以解决说谎者悖论。这里就引出一个重要的因素：是否涉及自身。

索罗斯由此出发来导出反身性概念，索罗斯认为金融市场与投资者的关系是：投资者根据掌握的资讯和对市场的了解，来预期市场走势并据此行动，而其行动事实上也反过来影响、改变了市场原来可能出现的走势，二者不断地相互影响。因此根本不可能有人掌握到完整资讯，再加上投资者同时会因个别问题影响到其认知，对市场产生"偏见"。

有思考能力的参与者的思维有两个功能，认知功能和操纵功能，这两个功能将思维与现实从相反的方向连接起来。一方面，实际情况反映人的思想——这是认知功能；另一方面，人做出影响实际情况的决定，但这些决定并非根据实际情况做出，而是根据人对实际情况的解释做出——这一点可以称作操纵功能。认知基本上是被动的角色，操纵是积极主动的角色，事实上两个功能彼此干扰，使参与者不可能根据纯粹或完全的知识做出任何决定。

两个功能从相反的方向作用，在某些情况下，彼此会互相干扰，两者间的互动以双向反射反馈机能的形态表现出来。认知功能不能提供足够的知识作为参与者决策的基础，同时，操纵功能不能决定结果是什么。这意味着结果有可能偏离参与者的意图。在意图和行动之间肯定会有偏离，行动和结果之间又会有进一步的偏离。参与者的思想成为所要认识的事态的一个不可分割的组成部分，事态的发展对思想并不具有独立性。也就是说，我们对现实的理解和事件的实际发展过程都充满了不确定性。

反身性可以将现实中的任何两个及以上方面联系起来，在它们之间形成双向反馈环。例如在金融市场，参与者的价值判断总是有偏向的，在某些情形下（正反馈），偏向不仅影响市场价格，而且影响所谓的基本面，而基本面一般被视为市场价格的决定因素。这时反身性变得非常重要，市场价格变化趋势会遵循不同的模式。价格不仅反映所谓的基本面，它们本身也成为塑造价格演化的基本面之一。这种递归关系使得价格的演化变得不确定，从而严重地偏离所谓的均衡价格。

反身性理论的最重要的实用价值就在于能够利用它来发掘过度反应的市场、跟踪市场在形成趋势后，由自我推进加强最后走向衰败的过程，从而发现其转折点恰恰是可以获得最大利益的投资良机。

顺势而动的跟风所形成的主流偏见对市场所形成的推动是过度反应的市场形成的主要原因，跟风者的行动虽然具有一定的盲目性，却同样能使市场自身的趋势加强。

由于市场因素复杂，不确定因素越多，随波逐流于市场趋势的人也就越多，这种顺势操作的投机行为影响就越大，这种影响本身也成为影响市场走势的基本面因素之一。风助火势，市场被投资者夸大的偏见所左右，二者相互作用令投资者陷入了盲目的狂躁情绪之中，趋势越强，偏见偏离真相越远，实际上也使得市场变得越来越接近脆弱。过度反应的市场最终导致的结果就是盛衰现象的产生。

所以市场的趋势在表象上就有两种极度的反应：一种是盛衰过程；一种是衰盛过程。市场趋势就是在两种反应中不断地相互交错更替着进行。

索罗斯将哲学作为理解市场的重要依据，通过理念的延伸来对市场进行诠释、评估。他充分认知市场的谬误，步步为营，小心谨慎；在出现市场动荡时，他早就做好了准备；在大家得意扬扬时，他已经预见了市场崩盘的危机。有的时候，将哲学与市场结合在一起思考的结果，绝对比生活中的经验更能指导实践。

博弈思维

博弈论自古就有，比如我国古代的《孙子兵法》就可以算是最早的一部关于博弈论的专著。在古代，博弈论最初主要是研究象棋、桥牌、赌博中的胜负问题，人们对博弈局势的把握只停留在经验上，没有向理论化发展。

直到 20 世纪初，美国著名数学家冯·诺伊曼证明了博弈论的基本原理，从而宣告了博弈论的正式诞生。冯·诺伊曼所著的划时代巨著《博弈论与经济行为》，奠定了这一学科的基础和理论体系，有助于博弈论发展成一门较完善的学科。

如果将博弈论与生活结合起来，那么生活中每个人如同棋手，其每一种行为如同在一张看不见的棋盘上布一个子，精明慎重的棋手们相互揣摩、相互牵制，人人争赢，下出诸多精彩纷呈、变化多端的棋局。而博弈论正是研究棋手们"出棋"的招数与技巧的关键。换句话说，就是研究个体如何在错综复杂的相互影响中得出最合理的策略。

人生就是一场博弈，投资也是一个博弈的过程。投资吸引人的地方在于，影响因素更多、规则更复杂，每次的买入卖出，交易者都自以为掌握了某种规律，结果大部分情况只是停留在"你以为"。

在零和博弈中，一个人的胜利必然建立在其他人的失败之上，自己的赢就等价于别人的输，自己想赢就等价于想让别人输，以自己赚钱为目的而研究行情就等价于以让别人输钱为目的研究行情，以自己赚钱为目的进行操作就等价于以让别人输钱为目的进行操作。

投资市场是一个群体博弈市场，市场参与者之间的关系是一种博弈关系，如果将市场参与者之间的博弈关系缩影下来，和一桌打牌的四个人之间的博弈关系是完全相同的。也就是说，参与金融市场博弈和参与一个牌局博弈，其行为原理是完全相同的。假设你是一桌打牌四个人之中的一个，那你就要分析，你胜出的理由在哪里？你有资金优势、有信息优势、还是有技术优势？如果你找不到你胜出的理由，那么你一定是输家。

你作为一桌打牌的四个人之一，你的输赢不取决于你的绝对水平，而取决于你在四个人之中的相对水平，就算你打牌的水平不高，可如果其他三人的水平比你更差，你还是会赢，当然单次行为结果随机，但多次重复行为的结果，你必然会赢。

在投资市场中，输赢直接影响到投资者的经济利益，但投资者不能患得患失，正确的投资态度是身在投资市场又超越投资市场，关注金钱又超越金钱，以平常心从容而认真地研究行情进行操作，才能获得更好的成绩。所谓超越金钱意味着金钱仅仅是个数字，与生活水平、社会地位、人生成就等等一切全没有关系。

对人来说金钱并不是最重要的，在投资市场中可能得到比金钱更重要的东西。投资市场中的最终目标是赚钱，不尊重这一现实的人可以不入市，千万不要既入市又抱有别的幻想，这样只会成为牺牲者。

投资市场中的胜负是以金钱论的，所以投资市场里的平常心就是专心赚钱，既不要把注意力从钱上移开，也不要过多地想钱能给人带来的物质享受、经济地位的提高或精神满足，钱就是钱，钱是博弈中用以计算胜负的一个量，博弈中根据这个量的增减计算输赢，就像学生根据考分比较学习成绩一样。钱数是与学生的考分一样的数字，也是和考分一样重要的数字，不要把它看得太重以至在投资时太过谨慎，也不能太过轻视，未经过认真分析就随意对待。

从博弈的观点来看，投资市场中的钱和棋盘上的棋子没有本质区别，虽然棋子是假兵马，钱是真货币，二者都只是博弈中的一个符号。我们对钱既要关注又要淡然，淡然表现在把钱仅仅看作博弈中用以计算胜负的一种符号，而不要被这些符号左右。

投资是一种可以通过各种指标计算概率，并提高胜率的博弈游戏。既然是游戏，输赢就是常事，但谁都不想输。大部分投资者没有精力学习投资知识，更没有足够的投资经验，却期望用不到 1% 的精力，赚到 100% 的钱，这和赌博无异。游戏一时输赢影响的可能是心情，投资是把家庭、未来当作筹码押注。好好学习投资规则，谨慎投资，是对自己最大的保护。

投资市场给人们带来了一夜暴富的美梦，也让人体味了倾家荡产的残酷。尽管存在着无数的未知和不确定性，但人们不会止步，也不应该止步。就像历史反复证明的那样，尽管在一刹那间造就了无数个喜剧和悲剧，人们依然要进入这个市场，参与到这个伟大的博弈中去，也正是通过生生不息的伟大博弈，人类才在不断地创造属于自己的财富和更加美好的明天。

守正出奇

在中国悠久的历史文化长河中,《孙子兵法》无疑是最璀璨的明珠之一。这本被誉为"兵学圣典"的巨作,不仅仅是一部军事战略指南,更是一部蕴含丰富人生哲理的智慧之书。其中的"守正才能出奇",正是孙子兵法的核心思想之一,为我们的生活提供了宝贵的启示和借鉴。

"守正才能出奇"这句话,传达了一个核心思想:要取得成功,必须坚守基本的原理和原则,只有在此基础上,才能有创新和突破。正,是指常规、原则、基础;奇,则是指创新、突破。守正,就是遵循常规,打好基础;出奇,就是在坚守原则的基础上,进行创新和突破。在《孙子兵法》中,守正是一个非常重要的概念。孙武认为,在战争中,只有通过守正才能获得胜利。这里的守正不仅指遵守军事纪律和战争规则,更是指在战争中保持冷静、理智和稳健的态度。只有坚守原则和规律,才能在战争中保持优势,取得胜利。

在生活和工作中,守正同样是非常重要的。例如在学习中,我们需要遵循学习规律,打好知识基础,这就是守正。在商业中,我们需要遵守商业规则和市场规律,这也是守正。只有坚守原则和规律,才能保证我们的行为不会偏离正确的方向,不会犯下不可挽回的错误。

"出奇"是一种制胜的重要策略。它是指在遵守战争规则和原则的基础上，发挥创造性思维，寻找对手的破绽和弱点，采取出其不意的行动来获得胜利。"出奇"需要我们有敏锐的观察力和创新性的思维方式，同时也需要我们有足够的勇气去实践。

"正"代表常规打法，"奇"代表创新打法。在战争中，敌我双方形势多变，常规打法能确保主阵地攻守兼顾，创新打法则能出奇制胜，达到四两拨千斤的效果。

公元前204年，汉朝大将韩信指挥3万汉军攻击赵国的20万大军。韩信就使用了"守正出奇"的战术，将3万汉军分成3队。其中第一队1.8万人为正一，负责主动出击；第二队1万人为正二，背河而战做防守预备队；第三队0.2万人为奇，负责偷袭赵国大本营。

战争开始后，赵国鏖战一番后取得小胜，韩信指挥部队后撤，并丢弃各类物资引诱赵国追击。待退至河边时，作为预备队的第二队加入战斗，韩信一方实力大增，再度陷入鏖战。由于背河而战，没有退路，韩信一方殊死拼搏、越战越勇。

在战争胶着时，第三队人马攻陷赵国大本营，赵军阵脚大乱。汉军乘势前后夹击，大败赵军。

道不同，理相通。投资与打仗都是对"敌"作战，壮大自己。只是打仗是壮大队伍，投资是壮大本金。

守正出奇，守正，明白事物客观的运行规律，出奇，合适的时机出奇招。守正是一种对事物进行认知的行为，出奇是对事物进行决策的行为。投资者首先要明白投资运行的客观规律，才有机会出奇制胜。

先说"守正"。首先,"守正"体现在投资人的品格上,要坚持道德上的荣誉感,尊重规则、适应规则,"不逾矩"。

其次,"守正"体现在投资原则上,投资需要构建一套完整的决策流程和不受市场情绪左右的根本原则,正确认识外部风险和内生收益。最后,"守正"体现在研究方法上,要做时间的朋友,研究长期性的问题,不追求短期的投机利益。

再说"出奇"。首先,"出奇"体现在如何思考。做投资不仅是按照合理的机制和程序一成不变地思考,更要打破对客观规律的简单呈现,不仅要知其然,还要知其所以然,把背后的一些传导机制搞清楚,把看似无关的事物联系起来推演,把人、生意、环境和组织在不同时期、不同区域所承担的权重算清楚。

其次,"出奇"体现在如何决策。做投资不仅要通过研究确定初始条件是怎样的,还要找到不同时期的关键变量,认清关键变量之间是因果关系还是相关关系,有的时候是生意的性质变了,有的时候是人变了,有的时候是环境变了,有的时候是组织结构变了。

这些问题研究清楚后,决策就能不受存量信息的束缚,而根据市场的增量信息做出应变和创新,在别人看来就是"奇"。

更为重要的是,"守正"和"出奇"必须结合在一起,才能发挥最大的效用。做人做事讲究"正",才能经得起各种各样的诱惑。思考决策讲究"奇",才能找到属于你的空间。"守正"给"出奇"以准绳,"出奇"给"守正"以反馈。

守正与出奇并不是相互排斥的,而是相互补充的。守正是基础,是前提;出奇是创新,是突破。只有坚守原则和规律,才能保证我们的行为不会犯下不可挽回的错误；只有通过创新性的思维方式和方法，才能获得更多的机会和可能性。

正如孙武所说："凡战者，以正合，以奇胜。"只有守正才能出奇，才能在战争中取得胜利；同样，只有守正才能出奇，才能在投资市场中取得成功。

九条铁律

在多年的投资生涯中，我把自己的经验和教训总结成九点心得与体会，希望能对广大投资者有所帮助。

一、不要觉得你比别人聪明，你获胜的方法是找准方向，坚持下去。

投资中最不需要的是聪明，资本市场是由几百万，甚至上千万最聪明的人组成的。要打败市场，聪明是最不需要的要素，做一个好的投资人，聪明也是最不重要的因素。人一生中所取得的成就，都不是一夜突发的，在现实生活中，真正一夜暴富的人少之又少。而想要真正取得成功，一定要看准方向，明晰自己的目标，下定决心，坚持到底，只有这样，才可能获得最后的成功。人生如此，投资亦如此。投资的门槛真的很低，低到人人都能买股票。但是投资的天花板也很高，高到很多人一辈子也无法取得超额收益。有些投资人本身并不认同投资的价值，从心底认为投资只是靠运气，市场环境好的时候冲进来捞一把，市场不好时就关掉软件打工挣钱；挣了就跑，亏了就扛，看图看感觉，觉得市场与企业都是不可研究和预测的。这样的人是无法在投资上取得收益的。我们应该把投资当成事业一样去长期经营，在适当的时机选好一个投资方向后就一直坚持下去。

二、如果你的利益没有受到致命打击，请不要放手一搏。

如果把投资看作一种娱乐消遣，而你从中得到了乐趣的话，那你可能并没有赚到什么钱。因为，真正好的投资从来都是无聊的。如果你因为投资而感到兴奋，那么你很可能是在赌博，而不是投资。最好别把自己当赌徒，不把自己当赌徒的最好方式就是：只在概率有利于你的时候投资，而不是在无知的情况下孤注一掷。无论是投资，还是其他任何事，"孤注一掷"都是大忌。孤注一掷的背后大多存在"赌徒心理"，除非胜利了就离场，否则利益从市场中来，一样会归还到市场中去。而且离场并没有想象中那么容易，见好就收又有多少人能说到做到。失败了，连翻身的机会都没有。你要承认自己是个赌徒，但不要激发你的赌性。在无知无畏的情况下投入全部资金就是孤注一掷，这是盲目的冒险。在有计划、有风险控制的情况下，投入全部资金，那才是果断。冒险与果断区别不在于是否投入了全部，而在于你是否经过科学的测算。投资是一件逆人性的事情，既要认识自我，学会克服情绪对投资决策的影响，也要避免"孤注一掷"，不把自己置身于危墙之下。

三、频繁操作会让你的内心无法平静，这会导致错误不断。

投资者与市场之间是互动影响的关系。但投资者对市场的感知和市场的实际表现往往会相反，每一次择时成功的概率其实都不高，若再增加择时的频率，频繁交易，成功的概率就更低，对组合收益的影响会更大。投资者在频繁交易时面临两个风险，第一个是频繁交易会使交易成本不断增加，第二个是每一次交易都面临一买一卖两次择时，在不停的择时过程中往往会拿不住好的投资产品。不交易也许就是最好的交易，这是一种顺从与尊重客观市场的表现。市场是行情变化中的主角，所以我们应当留有足够的时间与空间给市场，而不是频繁地进场交易。不交易也是一种交易，从某种意义上说，它比交易本身更加重要，不交易不是拖沓散漫，不是任性妄为，而是像狙击手一样，耐心等待机会出现时一击必杀。

四、永远不要让你的收益和欲望相关联，因为它将让你无法逃离贪婪和恐惧的怪圈。

贪婪和恐惧是人的天性，任何人都无法避免。而在投资中，贪婪和恐惧是绝大多数人亏损的根源。很多投资人都会把今天赚的钱和他在现实生活中的欲望相关联，他们经常会这样想，我可以用今天赚到的 10 万块钱买一个什么样的奢侈品，或者用刚刚赚到的 100 万买个什么样的车。而一旦有了这种想法，必然会导致他的欲望无限放大，他的贪婪就会使自己沦陷，在这种情况下，他将会迷失自己的投资逻辑。而有些人又把亏损和自己的恐惧相关联，假如亏了 50 万，他会说这是辛辛苦苦赚的钱，自己亏了一辆好车，这一年白辛苦了。而一旦有这种想法以后，同样也会使自己的操作行为迷失。

五、当你的心在挣扎时，说明你的系统将无法正常运转，这时最好的方法是让它休息一下。

每一个投资人都有一套适合自己的投资逻辑，或者说，在某一个阶段，他有一套自己的投资方法，而这套方法到底是好是坏，自己也不清楚，但是当他用这套方法参与市场投资的时候，却发现它不能帮自己获得很好的收益。比如很多投资人特别遵从价值投资理论，当买一只股票的时候，发现它低于它的价值，就长期持有，这是他自身所认为比较好的投资策略。但是他忽略了另一个更重要的因素，就是客观环境，也就是货币流通的量能对本身金融的支撑不足以一直趋于稳定，所以，投资人在自己的策略或者是交易方法有问题的时候，一定要停下来，而不是去坚持，这样才能重新找到运行的客观规律。

六、不要让赚钱的开心和亏钱的伤心成为影响你决策的因素。

在投资中，情绪是一个非常重要的因素。投资者的情绪状态会直接影响到我们的判断和决策，从而对投资的结果产生重大影响。因此，在投资中，如何避免被情绪所影响，是每个投资者都需要认真思考的问题。投资是一场没有尽头的修行，在路上你会收获喜悦、悲伤、感动、甚至愤怒。很多投资者都是抱着一夜暴富的心态走入这个市场之中，但很多人没有考虑到投资市场有可能给他们迅速翻番暴富的机会，但是也存在着迅速爆仓血本无归的下场。投资是一项充满波动和不确定性的活动，我们必须具备平衡心态，要做到胜不妄喜，败不惶馁。只有这样，未来市场上涨时，我们才能够不被其惊到，而市场下跌时，我们也不会心痛万分，这需要时间的沉淀。

七、止损不是为了减少损失，而是为了确定方向是否正确。

波动性和不可预测性是资本市场最根本的特征，这是资本市场存在的基础，也是交易中风险产生的原因，这是一个不可改变的特征。交易中永远没有确定性，所有的分析预测仅仅是一种可能性，根据这种可能性而进行的交易自然是不确定的，不确定的行为必须得有措施来控制其风险的扩大，止损就这样产生了。成功的投资者可能有各自不同的交易方式，但止损却是保障他们获取成功的共同特征。投资本身没有风险，失控的投资才有风险。

八、趋势来临时，拿得住是最好的投资策略。

趋势无处不在、无时不有。人应学会与趋势为友，寻势、借势、造势、乘势，抓住小趋势获得小发展，抓住大趋势则获得大发展。人生如此，投资亦是，做好投资，核心就是审时度势、顺势而行、随势而动、乘势而上，"势"乃成败之关键！市场会及时向你发出进入市场的信号，同样肯定的是，市场也会及时向你发出退场的信号——如果你耐心等待的话。真正重大的趋势不会在一天或一个星期就结束，市场走完自己的逻辑过程是需要时间的。

九、放长线钓大鱼。

巴菲特说过，拥有一只股票，期待它下一个早晨就上涨是十分愚蠢的。巴菲特奉行的是长期持有的原则，他从不急功近利地进行短期炒作。急功近利的短期炒作也许能赚到一点儿小钱，但绝对赚不到大钱。在投资市场上，需要的是稳健的长期投资，急功近利只会使投资者承担的风险更大。短期炒作过分强调趋利避害，会失去长期投资的收益。投资跟钓鱼一样，要懂得放长线钓大鱼，先用饵料诱惑鱼儿，等鱼儿咬钩了才能钓到大鱼。

第 2 章

财富的源泉——货币的流通

货币流通作为经济活动的前提和基础，在人类社会的发展中扮演着至关重要的角色。它像一条无形的纽带，将经济与社会联系在一起，影响着我们生活的方方面面。货币流通是财富的源泉，我们只有深入了解和学习有关货币发行和流通的知识，才能更好地理解经济现象，合理规划自己的财务和生活，参与投资活动，最终捕捉财富的密码。

货币的发行和流通

货币是现代社会经济活动中不可或缺的一种工具，其发行和流通体系直接影响着整个经济的运行和发展。

货币的发行是指中央银行或政府按照一定的规则和程序制造、印刷、铸造等方式生产货币，然后通过各种渠道将货币投放到市场中。

货币不是随便发行的，它需要资产来承载。资产又分为有形资产和无形资产。

有形资产是以具体物质产品形态存在的资产，包括生产有形资产和非生产有形资产，比如我们看到的房产之类。无形资产是指没有实物形态的可辨认非货币性资产，比如说我们看到的有价证券等金融资产。

货币注入市场主要通过两种方式，一种是有形资产承载，就是先有资产后有货币；另一种是无形资产承载，就是先发行债务后创造资产。

第一种模式就是先有资产，后有货币，如图2-1。

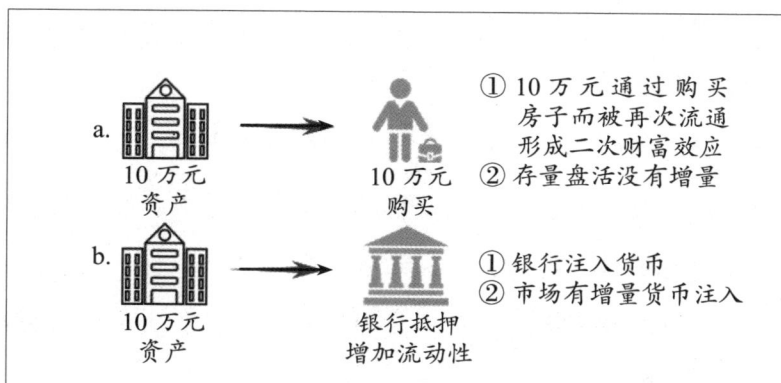

图 2-1　先有资产，后有货币

为了避免货币发生恶性的通胀，我们得想办法先创造资产，然后再去发行货币。

假如你有一套 10 万元的房子，它属于单位分房或者集体产权，本来是不能上市交易的，所以它没有金融属性。但是如果通过房改，给房子一个独立的产权证，它就可以在市场上买卖了。如果有人花 10 万元买了这个房子，那么这个时候我们会发现，市场中多了一个可以承载货币的商品。

第二种模式就是先有货币（发行债务），后创造资产，如图 2-2 所示。

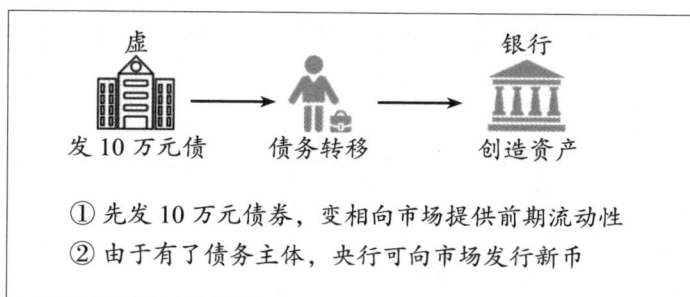

虚　　　　　　　　　　　　银行

发 10 万元债　　债务转移　　创造资产

① 先发 10 万元债券，变相向市场提供前期流动性
② 由于有了债务主体，央行可向市场发行新币

图 2-2　先有货币（发行债务），后创造资产

就是我们能先发行债务，再把债务进行转移，最后创造资产，这样形成一个闭环。

我们都听到过一个非常重要的名词，叫地方债，是指有财政收入的地方政府及地方公共机构发行的债券，是地方政府根据信用原则、以承担还本付息责任为前提而筹集资金的债务凭证。它是作为地方政府筹措财政收入的一种形式而发行的，其收入列入地方政府预算，由地方政府安排调度。

以某地方政府为例，为实现 8% 的 GDP 的增长，需要向市场注入增量货币 1000 亿人民币。这 1000 亿是不能直接投入市场的，如果直接投入会产生通货膨胀。这时候，就可以借助地方政府的名义，发行地方债。

政府融资 1000 亿，政府就是债务人。这 1000 亿从哪里来呢？如果向市场融资，那不叫增量货币，那叫存量货币，存量货币无法拉动 8% 的 GDP 增长，所以要做增量货币。

此时，中央财政拨款 1000 亿，但地方财政必须形成债务关联性，就是要对外公开这是发行的债务。这样，中国人民银行就可以印价值 1000 亿的货币，然后把这个钱投放到地方银行，银行再把这个现金流注入债务体系，变相创造资产，这样这 1000 亿才不会给市场造成通胀，并且形成一个货币流通的闭环。

在商品流通过程中，货币不断在卖主和买主之间转手，这种连续不断的货币转手，便形成一个与商品流通（W—G—W）相伴随的货币流通（G—W—G）过程。

正如马克思所说的："商品流通直接赋予货币的运动形式，就是货币不断地离开起点，从一个商品所有者手里转到另一个商品所有者手里，或者说，就是货币流通。"

货币流通的过程中，货币是不断变动的。也就是说，在货币的流通中，货币的使用者进行交易后，货币就从一个人的手中转移给另一个人。这样，货币就按照一定的流转路径不断流通。

货币流通的形式包括现金与非现金流通两种。现金流通是直接以现金为流通手段和支付手段的货币的流动，主要是同消费资料零售市场的商品流通、居民个人的小额支付相联系的货币流通。非现金流通或存款转账结算主要是同生产资料市场和消费资料批发市场的商品流通、企事业单位的大额支付以及与金融交易相联系的货币流通。

随着经济的日益发展，货币的使用者不断发生变化，同时货币也在不同的经济活动中进行流通。这些活动涉及货币交易的收支、投资、贷款等诸多方面，如图 2-3 所示。例如政府通过货币发行，可以提供财政支出的基础；银行通过向企业和居民提供贷款，催生了生产和消费。

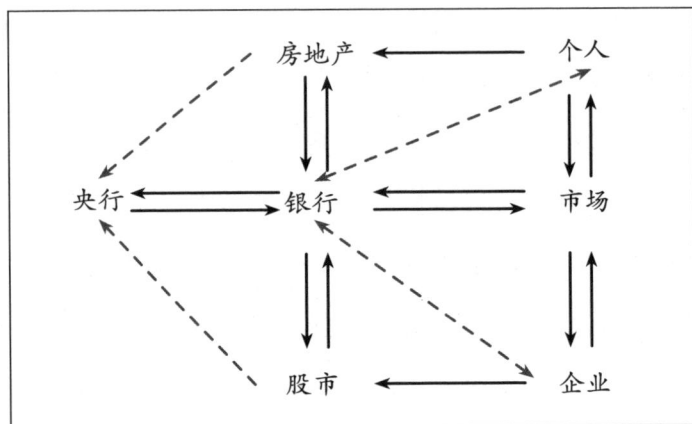

图 2-3 货币流转

货币流通是现代经济体系不可或缺的重要组成部分。它给予了生产、消费和财政等方面的支持，同时也是经济活动的重要推动力。货币在市场经济中的流通，促进了市场资源的优化配置，推动经济效益的最大化。

社会上的货币流通量是由货币发行和流通两个环节共同决定的，所以，货币的发行和流通具有紧密的关系。这不仅关系到货币的购买力和市场价格，更关系到市场的稳定和经济活动的活跃性。

货币供应量

货币供应量是指某一时点流通中的货币量和存款量的和。它是分布在居民个人、信贷系统、企事业单位、银行等地方的货币总计。

货币供应量是影响宏观经济的一个重要变量。它同收入、消费、投资、价格、国际收支都有着极为重要的关系，是国家制定宏观经济政策的一个重要依据。社会总需求与总供给的均衡，从需求方面看，主要取决于货币供应量是否适度。

人们一般根据流动性的大小，将货币供应量划分不同的层次加以测量、分析和调控。实践中，各国对 M0、M1、M2 的定义不尽相同，但都是根据流动性的大小来划分的，M0 的流动性最强，M1 次之，M2 的流动性最差。

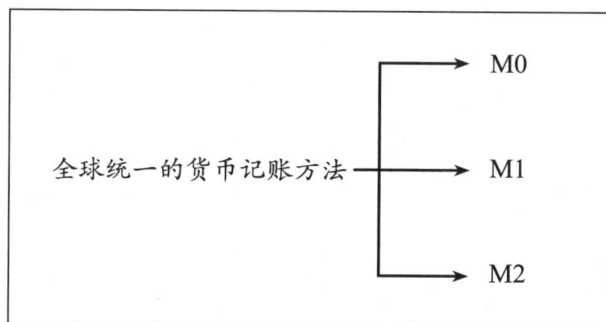

图 2-4　全球统一的货币记账方法

我国现阶段也是将货币供应量划分为 M0、M1、M2 三个层次：M0 是指流通中的现金，即在银行体系以外流通的现金。M0 与消费变动密切相关，是最活跃的货币。它跟资产关联性不大，因为它只起到一个媒介的作用。

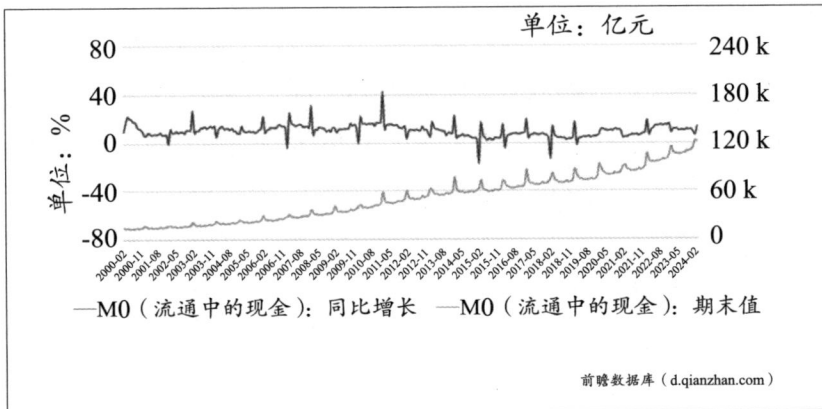

单位：亿元

—M0（流通中的现金）：同比增长　—M0（流通中的现金）：期末值

前瞻数据库（d.qianzhan.com）

图 2-5　人民币同比增长图

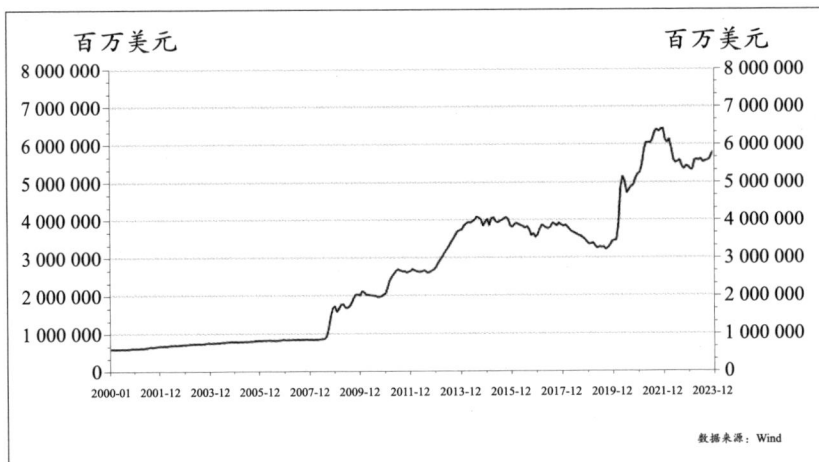

数据来源：Wind

图 2-6　美国：基础货币（未季调）

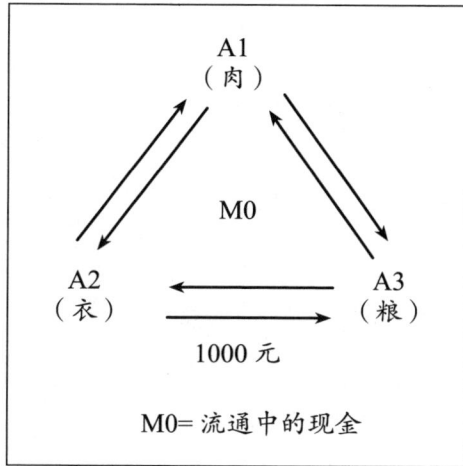

图 2-7　流通中的现金

如图 2-7 所示，A1 是生产肉的，A2 是做衣服的，A3 是生产粮食的。

这三方在市场中，各有自己的需求，每个人都要穿衣服，每个人都要吃肉，吃粮食，所以他们需要用现金进行流通，现金就起到了媒介的作用。

假如这个时候每个人都需要 1000 元，卖粮食的需要 1000 元，其中 500 元买衣服，500 元买肉；卖肉的需要 500 元买衣服，500 元买粮食；做衣服的需要 500 元买粮食，500 元买肉。那么这个时候，就需要提供 1000 元的流通中的现金，让他们方便去做结算，所以有了这 1000 元以后，生产肉的就从银行贷款 1000 元，买了 500 元衣服，买了 500 元粮食。500 元流通到卖衣服的人手里，他拿这 500 元买了粮食，那么种粮食的人手里就有了 1000 元，他拿着 1000 元买了 500 元衣服，又买了 500 元肉。那么卖衣服的人还需要 500 元的肉，他又用这 500 元把肉买回去，所以卖肉的人又把 1000 元现金流转回来了，现金收回来后他就还给了银行。

货币在这个交易过程中起到了媒介的作用。

M1是狭义货币供应量，即M0+企事业单位活期存款。M1反映企业资金松紧变化，是经济周期波动的先行指标，流动性仅次于M0。

企业的活期存款就是企业账上的现金流，M1重点体现的就是企业账上的活期存款的流通量。

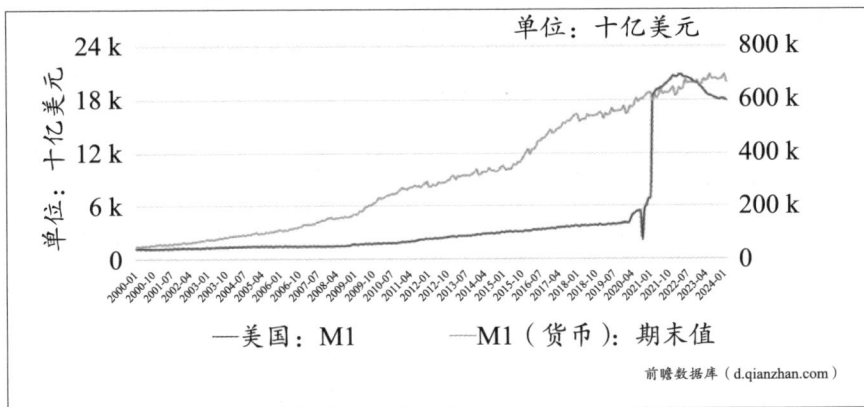

图 2-8　人民币、美元M1图

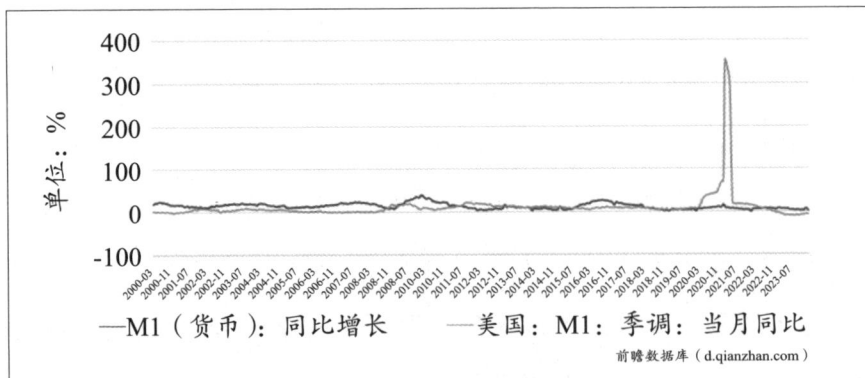

图 2-9　人民币、美元同比增长图

那么它的量是怎么增加的？我们再看一下图 2-10 就可以了。

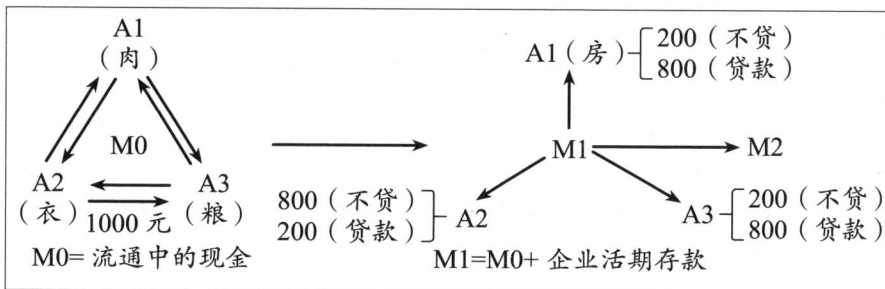

图 2-10　狭义货币供应量

当我们要增加企业的活期存款时，我们拿房子举例，比如说
A1，他要买房子，需要贷款，同样，A2、A3 也要贷款。最终，他们
的从银行贷的钱都给了开发商，当这个钱进入开发商的体系内以后，
开发商的 M1 的量就增加了。

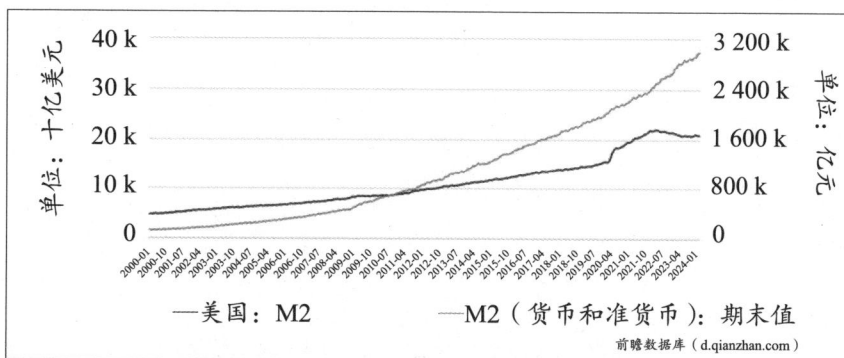

图 2-11　人民币、美元 M2 图

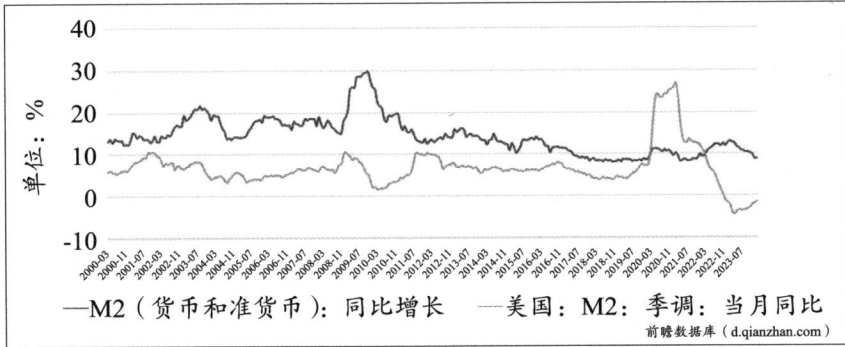

图 2-12　人民币、美元同比增长图

M2 指广义货币供应量，即 M1+ 企事业单位定期存款 + 居民储蓄存款。M2 流动性偏弱，但反映的是社会总需求的变化和未来通货膨胀的压力状况，通常所说的货币供应量，主要指 M2。

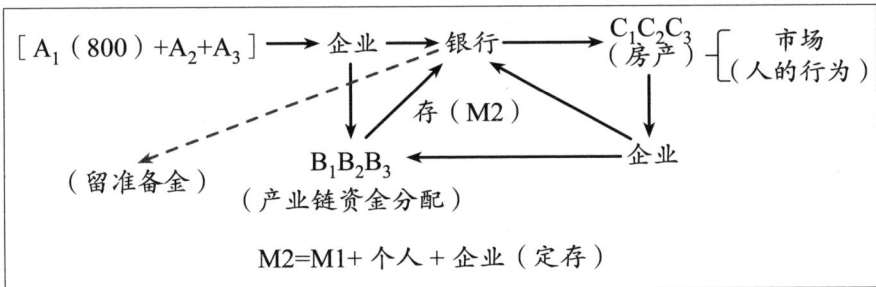

图 2-13　广义货币供应量

M2 重点体现的是个人存款变化。如果你看到一个国家的 M2 增长非常快，那么意味着老百姓财富增长比较快，如果你看到一个国家的 M2 增长比较缓慢，那意味着这个国家的国家和老百姓财富增长得比较缓慢。

货币供应量是各国中央银行编制和公布的主要经济统计指标之一。货币供应量的变化可以反映一个国家的经济状况，例如通货膨胀、经济增长等。保持货币供应量与货币需求的基本平衡，是中央银行货币政策的基本任务。

从总量上看，一般情况下，货币供应量充足，表示货币环境相对宽松，能够为经济发展提供有力支持，反之则说明市场上货币环境相对紧张。实际上，货币供需格局往往需要结合社融数据和货币供给量综合分析，二者就像一个硬币的两个面。

货币的汇率

表2-1　人民币外汇即期报价图

人民币外汇即期报价　2024-03-07 14:24　　人民币汇率中间价　人民币外汇即期月报

货币对	买报价	卖报价	货币对	买报价	卖报价
USD/CNY	7.1975	7.1976	EUR/CNY	7.8363	7.8367
100JPY/CNY	4.8254	4.8257	HKD/CNY	0.92057	0.92059
GBP/CNY	9.1652	9.1660	AUD/CNY	4.7253	4.7256
NZD/CNY	4.3844	4.3847	SGD/CNY	5.3796	5.3799
CHF/CNY	8.1449	8.1457	CAD/CNY	5.3174	5.3178
CNY/MOP	1.1189	1.1189	CNY/MYR	0.65200	0.65550
CNY/RUB	12.7640	13.0059	CNY/ZAR	2.6061	2.6061
CNY/KRW	185.26	185.35	CNY/AED	0.51024	0.51026
CNY/SAR	0.52107	0.52108	CNY/HUF	50.1260	50.1270
CNY/PLN	0.54906	0.54910	CNY/DKK	0.9516	0.9516
CNY/SEK	1.4393	1.4393	CNY/NOK	1.4729	1.4729
CNY/TRY	4.48596	4.48824	CNY/MXN	2.3220	2.3220
CNY/THB	4.9940	4.9940			

注：本行情为询价报价行情（美元为 ODM），实时更新。

汇率指的是两种货币之间兑换的比率，也可以看作一个国家的货币对另一种货币的价值。具体是指一国货币与另一国货币的比率或比价，或者说是用一国货币表示的另一国货币的价格。

确定两种不同货币之间的比价，先要确定用哪个国家的货币作为标准。由于确定的标准不同，便产生了几种不同的外汇汇率标价方法。

一、直接标价法

直接标价法，又叫"应付标价法"，是以一定单位的外国货币为标准来计算应付多少单位本国货币。在国际外汇市场上，包括中国在内的世界上绝大多数国家目前都采用直接标价法。

在直接标价法中，若一定单位的外币折合的本币数额多于前期，则说明外币币值上升或本币币值下跌，叫作外汇汇率上升；反之，如果用比原来少的本币即能兑换到同一数额的外币，这说明外币币值下跌或本币币值上升，叫作外汇汇率下跌，即外币的价值与汇率的涨跌成正比。直接标价法与商品的买卖常识相似，例如美元的直接标价法就是把美元外汇作为买卖的商品，以美元为1单位，且单位是不变的，而作为货币一方的人民币，是变化的。一般商品的买卖也是这样，500元买进一件衣服，550元把它卖出去，赚了50元，商品没变，而货币却增加了。

表2-2　货币的贬值和升值

	内因	外因
货币贬值	a. 通货膨胀	a. 资金集中外流
	b. 资产下跌	b. 外资债券违约
货币升值	a. 货币缩量	a. 外资流入
	b. 资产上涨	b. 外币主动贬值

二、间接标价法

间接标价法又称"应收标价法"。它是以一定单位的本国货币为标准，来计算应收若干单位的外汇货币。在国际外汇市场上，欧元、澳元等均采用间接标价法。在间接标价法中，本国货币的数额保持不变，外国货币的数额随着本国货币币值的变化而变化。如果一定数额的本币能兑换的外币数额比前期少，这表明外币币值上升，本币币值下降，即外汇汇率上升；反之，如果一定数额的本币能兑换的外币数额比前期多，则说明外币币值下降，本币币值上升，即外汇汇率下跌，即外汇的价值和汇率的升跌成反比。

直接标价法和间接标价法所表示的汇率涨跌的含义相同，即外币贬值，本币升值，外币升值，本币贬值，不同之处在于标价方法不同，所以在引用某种货币的汇率和说明其汇率高低涨跌时，必须明确采用哪种标价方法，以免混淆。

一国外汇行市的升降，对进出口贸易和经济结构、行业发展等会产生影响。汇率是国际贸易中重要的调节杠杆，汇率下降，能起到促进出口、抑制进口的作用。

例如一件价值 100 元人民币的商品，如果人民币对美元的汇率为 0.1502（间接标价法），则这件商品在美国的价格就是 15.02 美元。如果人民币对美元汇率降到 0.1429，也就是说美元升值，人民币贬值，用更少的美元可买此商品，这件商品在美国的价格就是 14.29 美元。所以该商品在美国市场上的价格会变低。商品的价格降低，竞争力变高，便宜好卖。反之，如果人民币对美元汇率升到 0.1667，也就是说美元贬值，人民币升值，这件商品在美国市场上的价格就是 16.67 美元，此商品的价格变贵，卖的就少了。

汇率作为国际经济贸易的纽带，反映了国家的经济实力，是各国货币政策的载体。作为经济活动中的重要变量，汇率不仅影响一国经常项目、资本项目和金融项目等的收支平衡，还影响国家间的债务状况、国内物价水平和一国对外贸易活动等其他经济变量的变化。

不可能三角

1997 年，泰国、印尼、韩国等相继发生金融危机。这些原本实行固定汇率制的国家在金融危机中被迫放弃了固定汇率。1999 年，美国麻省理工学院教授保罗·克鲁格曼在蒙代尔-弗莱明模型的基础上，结合对亚洲金融危机的实证分析，提出了"不可能三角"。

所谓"不可能三角"，是指一个国家不可能同时实现资本流动自由、货币政策的独立性和汇率的稳定性。也就是说，一个国家只能拥有其中两项，而不能同时拥有三项。如果一个国家允许资本流动自由，又要求拥有独立的货币政策，那么就难以实现固定汇率。如果要求固定汇率和资本流动自由，就必须放弃独立的货币政策。

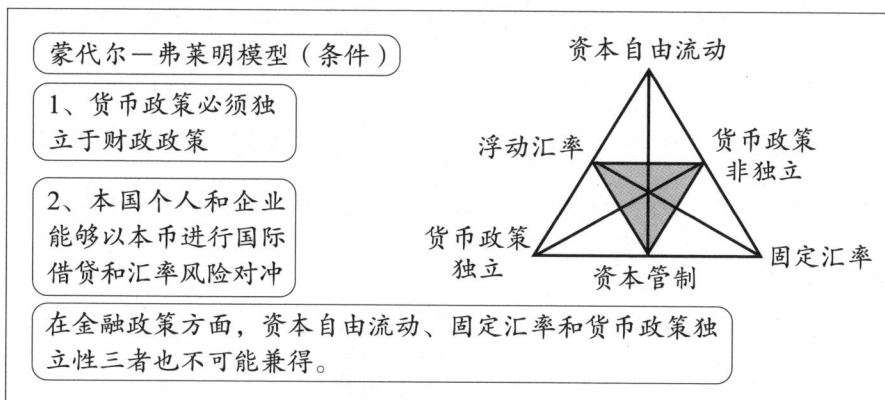

图 2-14　不可能三角

不可能三角在图上指的是要实现三角形每条边的两个目标，就必须放弃对角的那个目标。

具体来说，可以选择的政策路径只能是三条边上的三种政策的两两组合。

首先，我们来看三个顶点，即一国的三种经济目标：

把货币视为商品，把利率视为货币价格，汇率理解为本国货币与他国货币的交换价格。假设利率政策为唯一的货币政策，不考虑货币供需政策。

资本自由流动指的是政府不会对资本进出进行任何有效的管制。

独立的货币政策指的是，央行可以控制市场上的货币量以实现其政策目标，也就是说本国的货币政策不受汇率市场的影响。

　　货币政策失去独立性，存在两种货币政策失效的情况：在固定汇率制下，货币的发放回收都是为了保证汇率的固定，货币政策变成了因汇率而动。也就是说，货币政策不能再用于国内经济的调整；另外，国外金融政策会很大程度上影响国内金融政策，使得本国金融政策处于被动局面。

　　理想的固定汇率指的是央行严格按照一个固定的比例兑换本币和外币；相对应的，理想的浮动汇率指的是央行完全不干预市场上的汇率升降。

　　根据"不可能三角"，一个国家在资本自由流动、货币政策独立性和汇率稳定之间只能选择以下三种政策组合：

　　第一，保持资本自由流动和货币政策独立性，必须牺牲汇率稳定，实行浮动汇率制。这是大多数主流国家选用的方式，比如巴西、加拿大、英国等大体如此，英国央行对英镑的总供应量是有自主权的，而英国又允许资本自由流动，存在套利空间时国内外资金频繁进出，如果英镑放水资本流出，英镑就只能跌价，必须要采用浮动利率制。只有利用汇率调节将汇率调整到真实反映经济现实的水平，才能改善进出口收支。

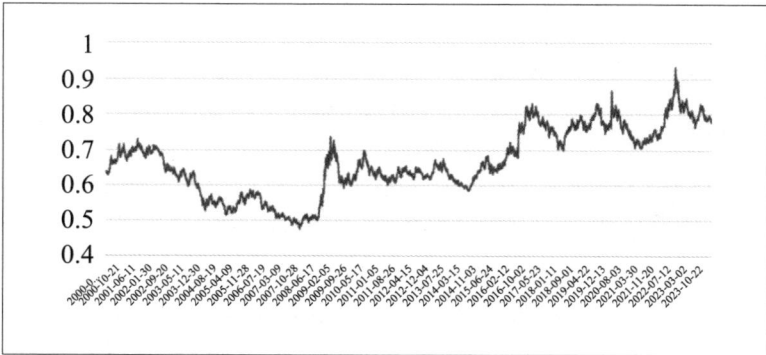

图 2-15　英镑、美元汇率图

第二，保持汇率稳定和货币政策独立性，必须限制资本的自由流动，实行资本管制。大多数发展中国家需要相对稳定的汇率制度来维护对外经济的稳定，一直以来都在施行这种政策组合：管住国际资本，规定能流入多少，流出多少。1995—2005 年，我国实行的就是固定汇率制度。1994 年的汇率制度改革是我国汇率市场化改革过程中的里程碑事件。这次汇改主要包括三方面内容：第一，实现汇率并轨，形成以市场供求为基础、单一的、有管理的浮动汇率制度。人民币汇率随之从原先的 5.7 跳贬至 8.7，并在之后的 10 年里维持在 8.3 左右的水平。第二，取消外汇留成和上缴制度，转为实行强制结汇制度，中资企业需要将出口所得外汇悉数到银行进行结汇。第三，建立统一的、规范性的全国外汇市场。不同于此前的外汇调剂市场，外汇市场的交易主体是银行，"私人部门—银行—央行"这样的结售汇闭环形成，使得央行的货币政策与贸易、汇率等因素的关联得以加强。对于许多发展中国家，特别是那些发生金融危机的国家来说，相对稳定的汇率有助于保持对外经济稳定，货币政策独立性有助于调控国内宏观经济。

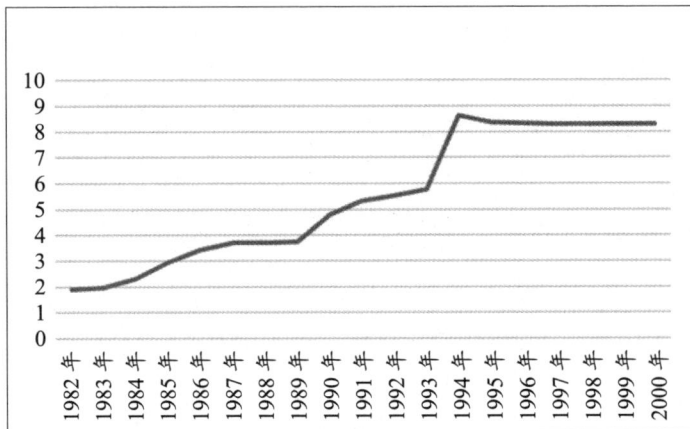

图 2-16　人民币、美元汇率图

第三，保持资本自由流动和汇率稳定，必须放弃货币政策独立性。比如阿根廷或 2000 年以前的许多欧洲国家都实行这种组合。20 世纪 80 年代初，阿根廷是一个非常富有的国家，当时的人均 GDP 跟美国差不多，甚至有一段时间比美国还高。结果，阿根廷政府为了实行资本自由流动，最终失去了货币政策的独立性。以香港的联系汇率制度为例。实施盯住美元的固定汇率制度和资本自由流动，无法根据本地经济情况来实施独立的货币政策对经济进行调整。从 1983 年开始，香港开始实行联系汇率制度，在联系汇率制度下，港元以 7.75 ～ 7.85 港元兑 1 美元的汇率与美元挂钩。联系汇率制度的一个最大代价是丧失货币政策的自主性。假设美国提高利率，香港出现资金外流，汇率有贬值压力，于是香港减少货币供应量来推动利率跟随美国上升，吸引资金回流。由此可见香港的利率将跟随美国利率的步伐同升同跌。而在联汇制度下，香港事实上亦不能独立控制利率。如果香港减息，资金会外流，令港元出现下调压力。这时自动调节机制运作，发钞银行收紧货币供应量，慢慢使利率回升。简言之，实施联系汇率制度便要把利率也一同"联系"了，所以香港不可能有独立性的货币政策。

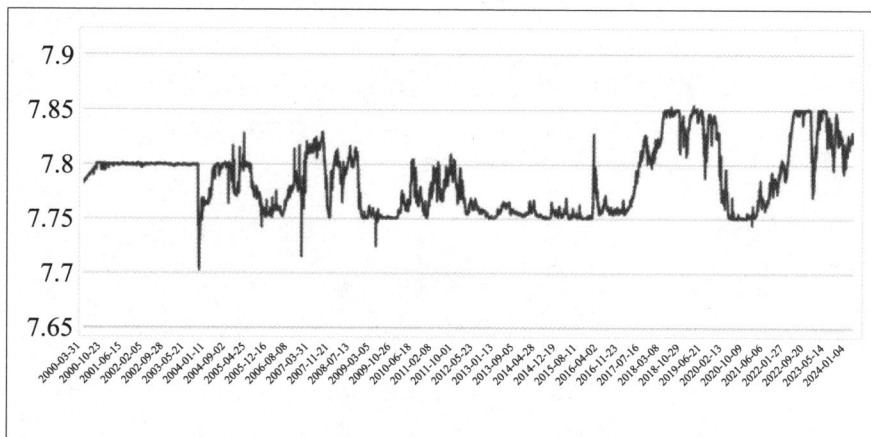

图 2-17 港币、美元汇率图

外汇储备

货币主要分两类，一种是内部流通型，一种是输出型。

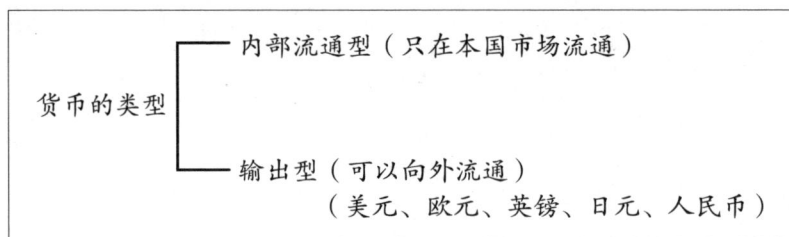

```
              ┌─── 内部流通型（只在本国市场流通）
货币的类型     │
              └─── 输出型（可以向外流通）
                   （美元、欧元、英镑、日元、人民币）
```

图 2-18 货币的类型

什么叫内部流通型的货币呢？

就是这个货币不具备输出的功能，它只能在本国内流通，无法与其他国家进行贸易结算。

内部流通型货币自身的管控性很强，外汇的管控机制也很坚定。但是，货币一旦不具备输出功能的时候，外币对你的本币很容易造成巨大的冲击。

我们以巴西举例：

2009 年和 2010 年时，美国实行 QE1 和 QE2，美元开始往南美洲流。由于巴西自己的货币不具备向外输出的功能，就只能在本国流通，无法输出到其他国家，那么美元再往巴西流入的时候，巴西就没有了防御能力。假如巴西流入 1000 亿美元，那么巴西就要增发

与 1000 亿美元相等价值货币，而这时候市场中就注入了价值 1000
亿美元数值的货币，这样就推高了本国的通货膨胀。但是由于巴西
的货币不具备输出功能，当流入的美元开始外流的时候，巴西国内
的资产就会发生巨大的缩水。因为巴西本国的货币过去被超发了，
美元流出去以后，巴西本国的货币量变大了，所以会发生贬值预期，
就会造成资产大幅度缩水。

所以，一般国家的内部流通型的货币，必须建立足够强大的外
汇储备防火墙。

所谓外汇储备，又称为外汇存底，指为了应付国际支付的需要，
各国的中央银行及其他政府机构所集中掌握并可以随时换成外国货
币的外汇资产。通常状态下，外汇储备的来源是贸易顺差和资本流
入，集中到本国央行内形成外汇储备。

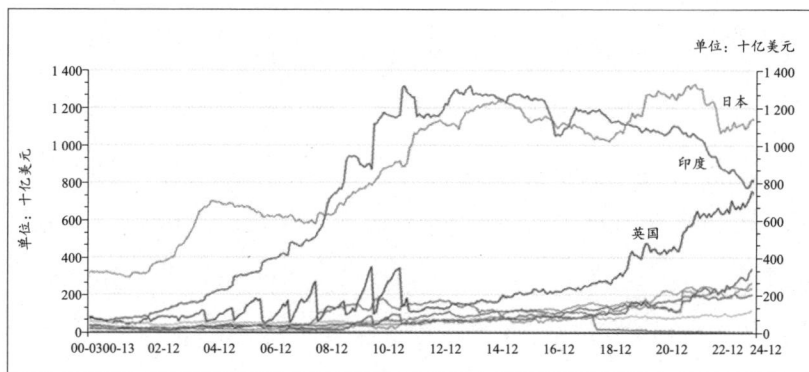

图 2-19　外国投资者持有美国国债情况图

一定的外汇储备是一国进行经济调节、实现内外平衡的重要手
段。当国际收支出现逆差时，动用外汇储备可以促进国际收支的平
衡；当国内宏观经济不平衡，总需求大于总供给时，可以动用外汇

组织进口，从而调节总供给与总需求的关系，促进宏观经济的平衡。同时当汇率出现波动时，可以利用外汇储备干预汇率，使之趋于稳定。因此，外汇储备是实现经济均衡稳定的一个必不可少的手段，特别是在经济全球化不断发展，一国经济更易于受到其他国家经济影响的情况下，更是如此。

一般来说，外汇储备的增加不仅可以增强宏观调控的能力，而且有利于维护国家和企业在国际上的信誉，有助于拓展国际贸易、吸引外国投资、降低国内企业融资成本以及防范和化解国际金融风险。外汇储备水平取决于多种因素，如进出口状况、外债规模、实际利用外资等。应根据持有外汇储备的收益、成本比较和这些方面的状况把外汇储备保持在适度的水平上。

什么是输出型货币呢？

目前为止，全球可向外输出做结算的货币就是在一个资金池里，叫特别提款权（SDR），也称"纸黄金"（Paper Gold），最早发行于1969年，是国际货币基金组织（IMF）创设的一种储备资产和记账单位，作为补充会员国原有普通提款权以外的一种使用资金的特别权利，是一种账面资产。其价值由美元、欧元、人民币、日元和英镑组成的一篮子储备货币决定。当会员国发生国际收支逆差时，可以通过其在国际货币基金所缴纳份额的比例获得特别提款权的分配，补充现有的储备不足。但由于其只是一种记帐单位，不是真正货币，使用时必须先换成其他货币，不能直接用于贸易或非贸易的支付。

按国际货币基金组织协定的规定，其会员国都可以自愿参加特别提款权的分配，成为特别提款账户参加国。会员国也可不参加，参加后如要退出，只需事先以书面通知，就可随时退出。基金组织规定，每 5 年为一个分配特别提款权的基本期。每隔 5 年，IMF 都会对 SDR 货币篮子进行一次例行复审。

第 24 届基金年会决定了第一次分配期，即自 1970 年至 1972 年，发行 93.148 亿特别提款单位，按会员国所摊付的基金份额的比例进行分配，份额越大，分配得越多。这次工业国共分得 69.97 亿，占总额的 74.05%。其中美国分得最多，为 22.94 亿，占总额的 24.63%。这种分配方法导致急需资金的发展中国家分得最少，而发达国家则分得大部分。发展中国家对此非常不满，一直要求改变这种不公正的分配方法，要求把特别提款权与援助联系起来，并要求增加它们在基金组织中的份额，以便可多分得一些特别提款权。

2006 年 9 月 18 日，IMF 在新加坡年会上决议，中国缴纳的份额从原来的 63.692 亿特别提款权（约合 94.655 亿美元）上升为 80.901 亿特别提款权（约合 120.23 亿美元），相应的，中国在 IMF 中所占的份额从 2.98% 提升至 3.72%，投票权则从 2.94% 提升至 3.65%。其他排在中国前面的也都是发达国家：日本、德国、英国、法国、意大利和加拿大。

2010 年 11 月 15 日，国际货币基金组织执行董事会完成了对组成特别提款权的一篮子货币的例行 5 年期审查，并对货币篮子权重进行调整，美元和日元的权重略有下降，欧元和英镑的权重略有上升，这次调整后，美元的权重将由 2005 年审查确定的 44% 下降至 41.9%，欧元的权重将由 34% 上升为 37.4%，英镑的权重将由 11% 上升至 11.3%，日元的权重将由 11% 下降至 9.4%。

2015 年 11 月 30 日，时任国际货币基金组织（IMF）主席拉加德宣布将人民币纳入 IMF 特别提款权（SDR）货币篮子，决议于 2016 年 10 月 1 日生效。

表2-3　人民币汇率指数"货币篮子"中部分货币权重

货币名称	权重分配	货币名称	权重分配
美元	0.1879	泰铢	0.0319
欧元	0.1815	新加坡元	0.0312
日元	0.1093	英镑	0.03
韩元	0.0986	沙特里亚尔	0.0271
澳元	0.0589	加元	0.0226
林吉特	0.0431	南非兰特	0.0147
俄罗斯卢布	0.0385	瑞士法郎	0.011
港币	0.0359		

2022 年 5 月 11 日，国际货币基金组织执董会完成了 5 年一次的特别提款权（SDR）定值审查，维持现有 SDR 篮子货币构成不变，即仍由美元、欧元、人民币、日元和英镑构成，并将人民币权重由 10.92% 上调至 12.28%。

表2-4　美元指数"货币篮子"中6种货币权重

货币名称	权重分配	货币名称	权重分配
欧元	57.6%	日元	13.6%
英镑	11.9%	加拿大元	9.1%
瑞典克朗	4.2%	瑞士法郎	3.6%

外汇储备、黄金储备、国际货币基金组织中的普通提款权和特别提款权共同构成一国的官方储备（储备资产）总额。在国际储备资产总额中，外汇储备比例不断提高。外汇储备量，从一定程度上反映一国应付国际收支的能力，关系到该国货币汇率的维持和稳定，是显示一个国家经济、货币和国际收支等实力的重要指标。

货币的锚

锚定是指货币发行机构采取一种措施来将一种资产或商品与货币挂钩，以确保货币的购买力和价值的稳定性。锚定物可以是黄金、外币、外汇储备、国内价格指数等。

国际货币体系需要有一个"锚"，因为有"锚"，国际货币的价值才具有确定性，国际投资者使用该货币时不用担心该货币的价值会发生变化，从而在使用该货币拥有安全感。从这个角度说，"锚"在国际货币体系中扮演了定海神针的作用。

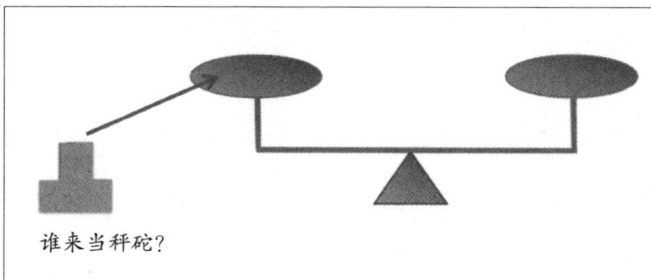

谁来当秤砣？

图 2-20　公平性原则

马克思说："货币天然不是黄金，黄金天然是货币"。黄金自古以来就是硬通货和一般等价物，进入现代货币体系后，更是货币的锚定物，货币是围绕黄金进行定价的。在一定情况下，黄金成为货币的赋值支撑。

这是因为黄金的价值被全球所公认，在一些情况下，货币的价值会被认为贬值，或者不如票面价值，但是黄金的价值却始终一定，因此，如果黄金作为背书，那么货币的价值就能够被承认。

1945 年，布雷顿森林体系建立后，黄金成为全球一般等价物的"锚"，美元与黄金固定兑换比例（35 美元 =1 盎司黄金），确定了金本位下的美元国际货币体系，黄金就扮演了国际货币体系中的硬"锚"角色，其他的货币对美元实行固定汇率，只能在法定汇率上下各 1% 的幅度内波动。美元与黄金挂钩、其他货币与美元挂钩的"双挂钩"美元体系开始运行。

目前，几乎所有货币都已经与黄金脱钩，开始了自由的超发和贬值，然而黄金在一个国家中的外储占比，却能够反映这个国家的实力和货币背后的支撑。如果一个国家没有黄金储备，这意味着这个国家的货币向外输出的时候，背后没有国家的主权信用支持，那么这个国家的货币很难被国际投资者所认可。除了货币之外，黄金也参与了其他金融资产的定价，我们可以看到，黄金的价值一定，但是其他金融产品却围绕着黄金的价值出现了或多或少的波动，在这种情况下，由于货币的价值并不稳定，所以用货币定价，资产价格会产生偏差，但如果对比黄金价格，资产价格就会更加准确定价。

所以，黄金的锚定作用体现在黄金的价值一定和黄金的价值被公认，这样所有资产的价格，包括货币在内，就有了一个明确的参照物。

由于国际贸易的不断增长，国际市场需要的美元越来越多，当外部的美元价值大幅度超越美国储备的黄金价值时，国际投资者不再相信美元与黄金之间还能够维持最初的兑换比例，美元挤兑黄金就成为现实。

20 世纪 60 年代，美元越印越多，黄金却没有随之增加。时任法国总统戴高乐认为"美金"体系早晚会崩溃，于是下令用手里的美元购买美国的黄金。虽然黄金的价格从 35 美元逐步升到 70 多美元，但法国仍然买回了 3000 吨黄金。在法国的带动下，直到 1970 年美国共流失 8000 多吨黄金，国库里只剩下不到一万吨。美国再也绷不住了，悍然在 1971 年宣布停止兑换黄金，布雷顿森林体系至此瓦解。

1971 年 12 月，西方十国达成了新国际货币制度协定，也称为史密森协定。主要内容是允许美元对黄金一次性贬值 7.89%（38 美元 =1 盎司黄金），并允许其他货币对美元在法定汇率上下各 2.25% 的幅度内波动，扩大汇率波动范围。1973 年 2 月，美国宣布美元再贬值 10%，西方国家相继实行浮动汇率制，史密森协定终止，金本位彻底崩溃。

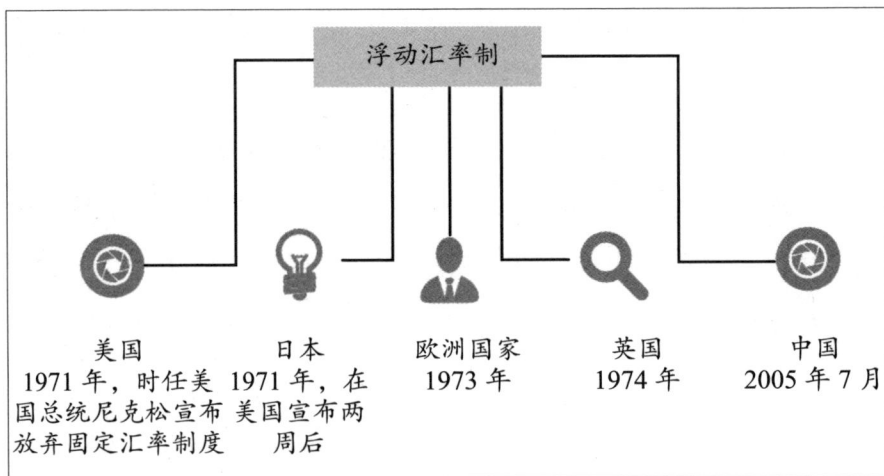

图 2-21　浮动汇率制

1973 年全球开始实施浮动汇率制，1976 年的牙买加协议是一个事后的确认。牙买加协议是国际货币基金组织临时委员会于 1976 年 1 月 8 日在金斯敦（牙买加首都）会议上通过的关于国际货币制度改革的协议。主要内容：取消平价和中心汇率，允许会员国自由选择汇率制度；废除黄金官价，各国中央银行可按市价自由进行交易；减少黄金的货币作用，使特别提款权成为主要国际储备资产，加强基金组织对国际清偿能力的监督；扩大对发展中国家的资金融通，设立信托基金，以优惠条件向最贫穷的发展中国家提供贷款，扩大基金组织信贷部分的贷款额度。

牙买加协议希望有一个新"锚"，这个新"锚"是 IMF 依据授权，在 1969 年创造出来的 SDR（最初由 15 种货币构成，现在由 5 种货币构成），也称"纸黄金"。但 SDR 难以成为国际货币的主要储备资产，或者成为国际货币体系的"锚"，这与其最初设计的制度有关：SDR 只是一种账面资产，依据当时的贸易顺逆差确定的规模较小。从实际来看，除了 SDR 本身规模小以外，更重要的是 SDR 不存在有深度和广度的交易市场，决定了 SDR 难以成为国际货币，也就难以成为国际货币体系的"锚"。

因此，1973 年之后，国际货币体系从黄金"锚"走向了信用"锚"，国际货币体系也由金本位制走向信用本位制。信用"锚"也被称为软"锚"，因为它具有相对性，或者说是弹性。

货币本身是一种价值符号，它的价值需要基于人们的信任和共识，而锚定物可以提供这种信任和共识。

通过将货币与锚定物联系起来，发行货币的国家可以在一定程度上限制货币供应量，控制通货膨胀，维持货币的价值稳定。此外，锚定物还可以提高货币的信誉，增强市场对货币的信任度和接受度，从而促进国家经济的稳定和发展。

信用货币

信用货币就是以信用作为保证，通过信用程序创造和发行的货币。信用货币是代用货币进一步发展的产物，成为世界上几乎所有国家采用的货币形态，可以说，信用货币是金属货币制度崩溃的直接后果。20 世纪 30 年代，由于世界性经济危机和金融危机相继爆发，各主要西方国家先后被迫脱离金本位和银本位制度，所发行的纸币不能再兑换金属货币，在这种情况下，信用货币便应运而生。

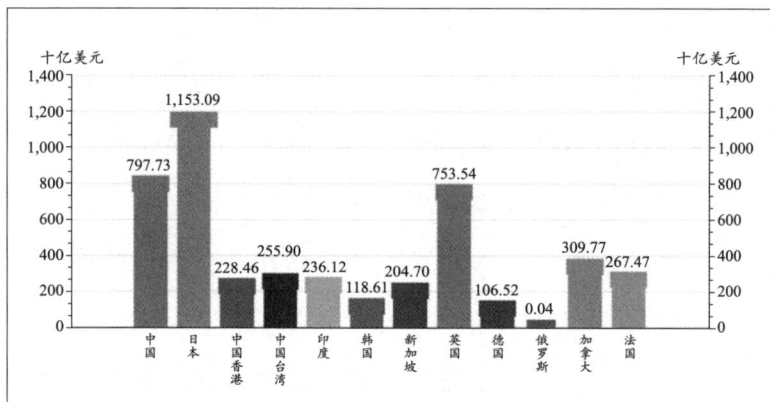

图 2-22　各国家及地区持有美国国债比例

信用货币制度在全球的推行分为了两个步骤，而这两个步骤的实现又是以"布雷顿森林体系"和"牙买加体系"两个国际货币制度为基础进行的。

布雷顿森林体系实际上是以"美元"取代了黄金的地位，但美元的价值仍然是与黄金挂钩的，同时各国政府仍然可以在国际市场上将美元自由兑换为黄金，它只是切断了公众将纸币在国内自由兑换成黄金的关系，并没有切断各国政府在国际市场将美元自由兑换成黄金的关系。

这个体系对二战后扩大国际贸易往来和各国经济的恢复和发展起到了很大的作用。但它的致命缺陷是美元的供给刚性使美元同黄金的可兑换性日益难以维持。1971 年 8 月 5 日，美国实行"新经济政策"，停止对外国政府和中央银行履行美元对黄金的兑现义务。随后几年里，各国政府纷纷宣布其货币与美元脱钩，布雷顿森林体系崩溃，浮动汇率制代替了固定汇率制。

1976 年 1 月 8 日，国际货币基金组织和国际货币制度临时委员会达成《牙买加协定》，之后逐渐形成国际货币关系新格局，即"牙买加体系"。

牙买加体系对黄金条款的改动，实际上是要实现黄金的非货币化。它切断了各国政府将美元储备自由兑换成黄金的关系，从而也切断了货币与黄金的最后一层关系，国际货币体系彻底过渡到了不兑现信用货币制度之下。

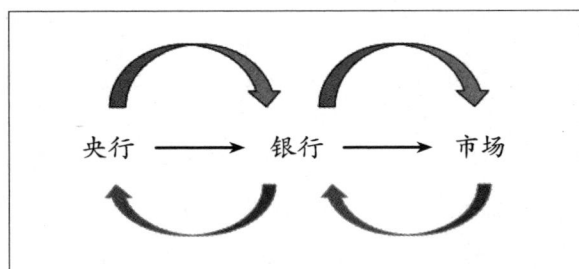

图 2-23　信用货币的回收方法

信用货币体系克服了金本位制下货币供应缺乏弹性的致命缺陷，政府货币当局在应对经济危机时有了更大的调控空间，但其最大的危险性在于政府的货币发行规模摆脱了黄金储备的束缚之后，很容易失控，各国政府的货币当局在货币发行规模上已经在传统教科书和《格拉斯·斯蒂格尔法案》所严格禁止的道路上越走越远，他们在货币发行上的胆子也越来越大，从超过 GDP 的 1% 到百分之几百。由于货币的信誉依赖于政府信用，一旦政府出现财政或货币危机，信用货币便会一文不值，从而造成社会危机。

美国硅谷银行破产就是一个例子：

2023 年 3 月 11 日，作为一家拥有 2000 多亿美元资产，连续多年被评选为福布斯美国最佳服务银行的巨无霸——美国硅谷银行突然宣布破产。

我们都知道，银行的业务模式就是从储蓄和贷款之间的利息差中赚取收益，这在全世界都是一样的，硅谷银行自然也不例外。在 2020 年初，新冠疫情暴发，全球经济萎靡，美联储为了刺激低迷的经济，开始超发货币，对货币市场进行大放水，将联邦基金利率调整至最低 0% ~ 0.25%。

降息之后，美国商业银行存款和贷款的利息都跟着大幅下降，于是美国硅谷银行获得了大量成本在 0% ~ 0.25% 的储蓄资金，根据硅谷银行公布的财报数据，在 2020 年初年到 2021 年底，硅谷银行的储蓄存款从 664 亿美元增长到 1954 亿美元，增长速度十分惊人。

为了让这笔资金给自己创造收益，以弥补需要付出的储户利息和运营成本，这笔庞大的资金自然是要以高于自己所付出的成本价投资出去，也就是高于 0.25% 的成本投资出去。银行一定要保证投资的稳定性，所以硅谷银行把大部分资金都购买了 1 ~ 5 年期无风险国债和抵押贷款支持证券（MBS）。

无风险国债就是美国国债，抵押贷款支持证券类似于我国的房贷，因为有足够的抵押物，投资风险也是非常小的。但是有一个致命问题是，这两种债券并不是随时可以收回的，很多都是持有到期债券。

2022 年，为了防止经济过热造成的通货膨胀加剧，美联储开始进入加息周期。因为加息就会使储户愿意存钱，就可以把市面上流通的钱存进银行里；同时也可以让贷款的需求减少，进一步缓解因为流动性充裕形成的经济过热。

随着储蓄利率的不断提高，很多硅谷银行的储蓄客户也开始把自己原来的存款取出来，倒一手之后重新再存进来以获得远高于之前储蓄的利率，这让硅谷银行短期内面临一个致命的问题，就是需要有现金满足当下客户取款的需求。

所以为了满足这些客户的取款需求，硅谷银行不得不抛售部分持有的长期债券来获取当下所需要的短期资金，这就导致硅谷银行持有的长期债券发生了实质性的亏损。根据相关报道，硅谷银行前期共抛售了超过 210 亿美元的长期债券，事实亏损超过 18 亿。

亏损的消息引发了巨大的蝴蝶效应。新闻媒体对亏损事件的报道引发硅谷银行储蓄客户的进一步担忧，大量客户开始转移自己的存款，仅 3 月 8 日一天，申请资金转移的数额就超过 420 亿美元，大量创业公司和科技公司纷纷出逃，而彼时刚刚卖完长期债券的硅谷银行手里只有 100 多亿美元的现金储备，远不够满足储蓄客户的取现需求，于是一颗大雷就这么开始爆炸了。

自从信用货币主导国际金融体系之后，西方发达国家始终在与通胀作斗争，恶性通货膨胀造成的危害已经有目共睹。信用货币超量发行的结果除了通胀和金融危机外，还有金融全球化和金融衍生品的爆炸式扩张，这种由金融全球化和金融衍生品发展引发的货币异化现象，是现代国际金融市场和各国经济发展面临的新问题、新课题。

美元的运行机制

美元是由美联储发行的。美联储，即联邦储备系统（Federal Reserve System），是根据美国联邦储备法案（Owen-Glass Act 1931）成立的美国货币政策主管机关，包括联邦储备理事会、12 家联邦储备银行、公开市场委员会三大机构。根据美国联邦储备法案，美联储是一个由国会授权的成立的，由各会员银行联合组成的独立机构，不仅独立于美国政府，也独立于国会。

联邦储备理事会是联邦储备系统中的重要组成部分。理事会由七位理事组成。他们均由美国总统任命并经参议院确认，任期 14 年。联邦储备理事会办公地点设在华盛顿，通常每周会晤若干次，商讨与货币政策和银行监管有关的问题。

根据 1913 年的《联邦储备法》，美国在 12 个主要城市设立储备银行，成为联储体系的组成部分。这 12 家地区储备银行的职责包括为其成员银行进行支票交换、回收损毁货币并发放新币、对合并申请进行评估、向该区的成员银行投放贴现贷款、审查属于联邦储备成员的州立银行、就地方银行和经济状况提出分析和报告以及进行一般的银行与经济研究并出版部分刊物。

联邦公开市场委员会是美联储系统中最重要的货币政策制定部门，由 7 位联邦储备理事会成员以及 5 位地区储备银行行长组成，其中纽约联邦储备银行行长为固定成员。一般来说，联邦储备理事会主席任联邦公开市场委员会主席，纽约联邦储备银行行长任副主席。委员会通常每五到八星期在华盛顿会晤一次，对具体货币政策操作进行投票。联邦公开市场委员会的政策指令及会议概要于会后六周对外公开。

美元霸权形成于第二次世界大战后的布雷顿森林体系，之前是以黄金为参考中心的货币体系，布雷顿森林体系则是以美元为参考中心，想要兑换黄金，必须先换成美元，然后再以固定价格 35 美元去兑换一盎司黄金，所以美元也可以叫美金，这样做弱化了黄金的货币属性，确立了美元世界货币的地位，加上当时美国在经济、军事领域取得的成就显著，所以美元成了其他各国的主要储备资产，这也是美元霸权的第一步。

美元作为全球唯一的结算货币，它有一个非常大的好处就是能够获得铸币税收入，美国可以无限制的借债，无限制的印钞票，去购买其他国家的商品和服务，而其他国家大量的美元资产外汇储备就会随之贬值。

到了 1971 年 8 月 15 日，美国总统尼克松宣布美元和黄金脱钩。也就是说原来定的 1 盎司黄金兑换 35 美元的这个比例不再执行了。此话一出，黄金迅速地升值，美元迅速贬值。直到 1976 年随着牙买加协议的签订，浮动汇率合法化，黄金官价取消，至此黄金的货币属性在全球被废除，金本位制度彻底瓦解。

1974 年，美国与沙特进行谈判，因为全球一半以上的石油都是由沙特提供的。于是，美国就要求沙特在所有对外石油贸易当中必须用美元结算，所以美元这张绿色的纸币又找到了石油作为它的背书了，这样美元霸权来到了第二阶段：石油美元。

石油美元体系并不是单纯的美元与石油挂钩，真正核心之处在于石油美元环流，沙特与美国达成协议后整个欧佩克成员国也开始使用美元结算石油，其他国家想要进口石油，必须从市场上先兑换美元，石油美元体系人为地制造了市场对美元的需求剧增。

就是在这个时候，美国开始金融自由化，大量的金融衍生品陆续冒出来，美国的金融市场一片繁荣，循环往复，变成了一个任何国家都很难撼动的金融帝国。

不仅如此，中国和日本也都对美国形成了贸易顺差，中国和日本拿着从美国赚到的钱，反手又去购买美国国债，否则贸易顺差赚到的钱全部进入国内会造成严重的通货膨胀。

美国国债有了需求，政府就可以更多地发行国债，每一次发行国债，美联储放出更多的美元。

美联储发行美元主要有三个渠道，一是购买美国国债，二是再贴现贷款，三是根据其他储备资产（如黄金、特别提款权等），其中购买美国国债占据货币发行量的80%。

美联储主要靠购买美国国债的方式实现基础美元投放。当市场上流动性短缺、经济低迷的时候，美联储可以通过向市场投放流动性来刺激经济的发展，进入公开市场进行国债的购买以实现货币投放。而当市场流动性过剩，经济发展过热的时候，美联储就可以通过回收流动性来抑制经济的过热，从而实现货币的回笼，比如卖出国债。同时，当国债到期时，财政部门会以未来的税收收入给付美联储，使得流通中的货币再次回笼至美联储。从本质上讲，美元就是美国的国库券。

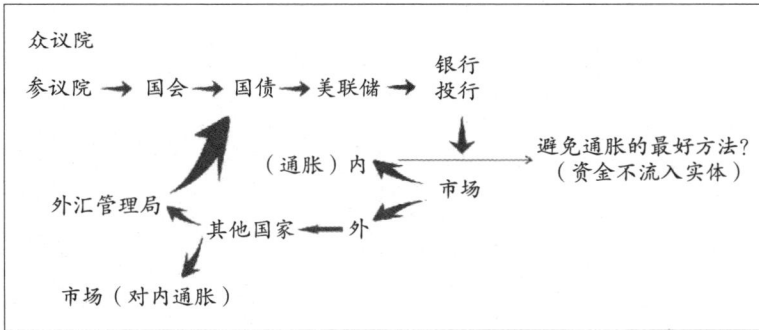

图 2-24　国债式美元流通图

美元的超发会对其他国家造成直接影响，因为很多国家的外汇储备是由美元资产所构成的，那么美元贬值其实就是在把其他国家辛勤工作所赚取的外汇储备变得不值钱。

而当美国过热，美联储开始加息，美元又会出逃回流回美国。这样一来，不断的本币资产抛售压力使得资产价格大幅下降，资产泡沫破灭，经济崩溃，再叠加大量的本国货币被兑换为美元回流回美国，本国的货币也面临巨大的贬值，债务危机爆发，引起经济的崩溃。

就这样美国资本赚取了大量利润之后，又将一国的经济搞崩。然而，当这个国家陷入经济危机后，美元资本会卷土重来，以低价重新买回这个国家的核心资产，从而达到控制一国经济的目的。

第 3 章

真正让你的钱生钱——外汇投资

随着全民投资时代的到来，外汇投资的地位日渐提升，越来越多的投资者开始对这种涨跌双向盈利、24 小时不间断的投资方式产生兴趣。外汇交易是一种高风险、高收益的投资方式，需要掌握一定的技巧和策略。只有充分了解外汇交易的奥秘，我们才能做出明智的投资决策。

外汇是国家之间的博弈

外汇市场，作为国际金融体系的核心组成部分，扮演着世界各国货币交换和价值转移的关键角色。每天，数万亿美元的货币在这个市场上进行交换，影响着国际贸易、投资和全球经济的走势。

在货币的世界里，固定汇率与浮动汇率是两个核心的概念，它们不仅决定了货币的价值，更深刻地影响着国家的进出口贸易和经济命脉。

固定汇率，追求的是一种高度规范化的秩序和稳定性。它为国际贸易和投资提供了一个明确的参考点，减少了因汇率波动带来的风险。对于一些小型开放经济体而言，固定汇率能够提供一种"货币锚"，帮助稳定国内经济。然而，固定汇率也意味着国家放弃了货币政策的独立性，可能在国际经济冲击下显得脆弱。

而浮动汇率自由、灵活且多样。它赋予了货币更大的自主权，可以根据市场供求关系自由波动。这为货币政策提供了更大的操作空间，使国家能够更有效地应对国内经济挑战。然而，过度的汇率波动可能会对国际贸易和投资造成干扰，甚至引发金融危机。

历史上有很多这样由汇率引发的货币战争，1992 年的英镑狙击战就是其中之一。

当时，英国是欧洲货币体系（EMS）的成员国，该组织成员国之间实行固定汇率制，对非成员国实行浮动汇率制。当欧洲经济出现较大动荡的时候，英国为了维持英镑与德国马克的兑换比例，继续维持高汇率政策。这样，金融大鳄索罗斯敏从中发现了机会。他认为，英国的高汇率政策是不会坚持多久的。于是，在 1992 年夏天的时候，索罗斯先后向各大银行贷款数百亿美元，然后在市场上大量抛售英镑，同时买入德国马克以及其他强势货币。索罗斯的大规模抛售行为引起了市场的恐慌，英镑兑德国马克的比价迅速下滑。

初步做空冲击了欧洲货币体系，若是保英镑，则要牺牲马克，这与德国的经济利益相悖，而且意味着刚刚采取的经济降温措施完全失效，通货膨胀随时有可能崛起。

9 月 10 日，时任德国央行行长施莱辛格在接受《华尔街日报》采访时表示：欧洲货币体系不稳定问题只能通过部分国家的货币贬值来解决……

索罗斯预感到，德国人准备撤退了，马克不再支持英镑，于是他果断采取多空仓的策略发起总攻：放空 70 亿美元的英镑，买进 60 亿美元的马克，另外再贷款 50 亿英镑，全部换成马克。

英格兰银行动用 269 亿美元买进英镑，毫无收效，因为索罗斯的量子基金投入 120 亿美元做空英镑，对冲基金能产生上千亿美元的效果，而且如此气势澎湃，带动了不少其他做空者。

9 月 16 日，英格兰银行在向欧共体的小伙伴请求资金援助无果后，无奈之下一天之内两次大幅提高利率，升到了 15%，却依旧无济于事。

最终，1992 年 9 月 16 日下午，带着巨大的屈辱，当时的英国首相梅杰和央行行长莱蒙宣布英国退出欧洲货币汇率体系，允许英镑自由浮动。

在此次行动中，索罗斯卖空了相当于 70 亿美元的英镑，买进了相当于 60 亿美元的马克，在一个多月时间内净赚 15 亿美元，而欧洲各国中央银行共计损伤了 60 亿美元，事件以英镑在 1 个月内汇率下挫 20% 而告终。

1997 年 7 月，索罗斯大量卖空泰铢，迫使泰国放弃维持已久的与美元挂钩的固定汇率而实行自由浮动，从而引发了一场泰国金融市场前所未有的危机。

20 世纪 80 年代，当时全球基本已经建立起美元体系，全世界主要的国家货币都与美元锚定。英国、法国、美国等发达国家经过几十年的快速发展经济水平提升巨大。物价和劳动力成本也水涨船高，尤其是日本在 1985 年签订"广场协议"后，日元疯涨导致这些发达国家的国内企业竞争力快速下滑，出口规模连年骤减，大量制造型企业为了生存迫不得已出海，去寻找低成本区间来生产。而当时东南亚就成了很多企业所瞄准的地方，因为没有货币障碍，土地便宜，劳动力更便宜，大量企业带来了大量的资本。买地建厂招工，既拉动了本地的经济，又提高了政府的税收，又增加了就业机会，居民收入日渐增长，经济一片繁荣。为了进一步吸引资金流入，促进发展，东南亚很多国家直接开放了货币政策。

货币政策放开后，美元可以自由兑换和流入，这其中就包括泰国大量的热钱迅速涌入，很快就推升了这些国家的资产价格，房价和股价一路飙涨。开始，泰国的这项政策获得了巨大的成绩。然而，当一个国家自废货币主权，却没有过硬的综合实力来背书时，这是非常危险的。

到了 1995 年，美国经济发展强劲，美元对主要货币的汇率由贬值转为持续升值。由于美元持续大幅度升值，泰铢实际有效汇率跟随美元不断走强，削弱了泰国的出口竞争力，1996 年泰国出口增长从 1995 年的 24% 下降到 3%。出口下降导致泰国贸易逆差迅速扩大。1995 年泰国贸易赤字达到 162 亿美元，占 GDP 比率超过 8%。同时，由于美元升值，大量短期资本撤离泰国资本市场，泰国的资产价格开始破裂。1996 年，泰国房地产市场的泡沫破裂造成商业银行和金融公司经营状况恶化，银行体系积累大量因房地产贷款形成的不良贷款，银行因此无法清偿外债。1996 年 5 月 ~ 1997 年 5 月，泰国股指下跌幅度超过 60%，金融市场的动荡和实体经济的恶化，加剧市场对于泰铢贬值的预期。

泰国央行为了维持对美元的固定汇率，提高利率，而高利率进一步抑制了投资和消费的需求，加速经济的衰退。企业由于银行的高利率，被迫向国际金融市场寻求低利息资本，从而进一步扩大外债规模，形成恶性循环。

1997 年 2 月，索罗斯带领国际游资对泰铢发动第一波攻击，手法仍然和袭击英镑一样，大量借入泰铢，在外汇市场上兑换成美元。泰国中央银行运用 20 亿美元的外汇储备干预外汇市场，平息了这次风波，索罗斯空手而回。

三个月之后，索罗斯卷土重来，一方面大量抛售泰铢，另一方面联合国际投机资本，在世界范围形成泰铢将贬值的预期，国际资本纷纷加入抛售泰铢的行列。泰铢一度跌至 1 美元兑 26.7 泰铢。泰国中央银行凭借"东亚中央银行总裁会议"会员国身份，与新加坡联合干预外汇市场，投入 120 亿美元，然后用行政命令严禁本地银行拆借泰铢给索罗斯等。最后大幅提高隔夜拆借利息，最终在 5 月 20 日，将泰铢维持在 1 美元兑 25.2 泰铢。

尽管索罗斯的前两波攻击都以失败告终，但却有效地减少了泰国中央银行的美元储备，并且在投资者心中制造了恐慌，那些以前大举进入泰国股市和房地产市场的短期资金疯狂撤退，泰铢贬值压力进一步增加，外汇市场出现了连续不断的恐慌性抛售。到 1997 年 6 月底，泰国外汇储备下降 300 亿美元，失去了继续干预外汇市场的能力。

到了 1997 年 7 月 2 日，泰国政府被迫宣布放弃钉住汇率制度，实行有管理的浮动汇率制度，当天泰铢汇率最低曾达到 1 美元兑 32.6 铢，贬值幅度高达 30% 以上。但泰国的厄运才刚刚开始，因为外资的大量撤出，货币贬值，贸易成本急剧上升，同时银行大幅抬高利率来抵御外资的拆借。结果就是房地产和股市的泡沫被直接戳破，金融危机瞬间爆出。

无数企业和个人破产，银行接连倒闭，股市暴跌。短短几个月之内泰国由一片欣欣向荣变成了硝烟弥漫，失业率暴增，市场购买力进一步下降。千万泰国人半生积蓄化为乌有，泰国的经济倒退了十年，接下来数年里，马来西亚、新加坡、印尼等东南亚国家纷纷遭到华尔街洗劫，使得这些国家几十年积累下来的外汇储备，在短短几个月内都化为乌有。

横扫东南亚后，索罗斯带领的国际炒家将目光投向了香港。

由于历史原因，香港成为亚太乃至全球闻名的金融中心，资金可以自由进出，港币约占全球贸易结算的 2%。原来的香港基本不干预汇率和股票市场，然而 1997 年亚洲金融风暴开启了香港金管局干预汇率和股市的先河。

香港自 1983 年以来就一直采取"港元与美元挂钩"的联系汇率制度，即港元和美元一同升值或贬值，两种货币之间的汇率保持相对稳定。但是，这种"挂钩"不是天然的，而是港元"被动地"去追美元，使美元兑港元的汇率在 7.75 ~ 7.85 的范围内波动。因此，一旦该汇率超过范围红线，香港的金管局就会出手干预。

1997 年 10 月，香港金融市场第一次被国际炒家攻击。21 日、22 日连续两日香港恒生指数大幅下降，累计跌幅更是达到了 1200 点。很显然，这场针对香港的金融风暴已经来袭，也是在这时，香港金融保卫战正式打响。

为了稳住市场，时任香港金融管理局总裁的任志刚先是用"拉高利率，抽高息口"的方式来对抗索罗斯的狙击。这一招，从前非常管用，但这一次却失效了。不仅没有挡住索罗斯做空港币的攻势，反倒是让恒生指数一路狂跌，让香港房地产价格暴跌将近 50%。这对于香港而言，显然是沉重的打击。如果不能有效对抗索罗斯代表的国际资本，那么港币被做空后，香港经济必然会一落千丈。在这千钧一发之际，中央决定出手救市。

1998 年 8 月 14 日，香港政府召开了新闻发布会，决定进入股市和期市，全面迎击国际炒家。而随着中国资本和本地企业资金的大量入市，双方的对抗也随之开始。以索罗斯为代表的国际炒家要打压指数，而香港政府则需要守住指数。只有守住了指数，才能让投机者的合约没法在 8 月底之前如数套现。

而在激烈的对抗之下，1998 年 8 月 24 日收市时，期货指数已经退到了 7820 点。1998 年 8 月 28 日是恒生指数期货 8 月合约的结算日。也就是说，在这个日期之前国际炒家手里的期货单子必须出手。如果当天股市的指数能够保持或者是继续上涨，那么这些炒家就会面临巨大亏损。但如果是大幅下跌，那么香港政府救市的这数百亿港元，也将血本无归。正因如此，在 1998 年 8 月 28 日开市时，全球的眼光都瞄准了香港金融市场。上午 10 点整开市后仅 5 分钟股市的成交额就超过了 39 亿港元，半小时后，成交金额就突破了 100 亿港元；随着下午 4 点整的钟声响起，显示屏上不断跳动的恒指、期指、成交金额，最终分别锁定在 7829 点、7851 点和 790 亿三个数字上。虽然当天还下跌了 93 点，但没有人怀疑这场战争的胜负，香港特区财政司司长随即宣布："在打击国际炒家，保卫香港股市和港币的战斗中，香港政府已经获胜"。

货币汇率是衡量一切价值的锚，汇率变化会引发连锁反应，港币本质上是一个金融货币，港币币值的稳定对香港经济非常重要。

虽说这场金融保卫战我们有惊无险地度过了，但这场金融保卫战同样给了我们警示。事实上，不管是泰国、马来西亚还是印度尼西亚，之所以能够被做空，就是因为在开放当中过度依赖国外资本。而一旦国外资本企图做空，国家就很难抵抗。而香港的金融保卫战之所以能打赢，靠的是香港的经济实力以及充足的外汇储备。

的原因。一般来说，电汇在途时间最短（1～2天），银行无法利用这笔资金，因而电汇汇率较高。信汇与票汇主要是靠邮寄，传递时间较长，银行有机会利用这部分汇款来获利，其汇率要比电汇汇率低。实际上，这之间的差额，相当于邮寄期间的利息收入。现阶段汇率一般都是以电汇汇率为基础来计算的，电汇汇率成了即期交易的基础汇率。随着电子计算机的广泛应用和国际通信日益发达，邮期大为缩短，因此几种汇款形式之间的差别正在逐渐缩小。

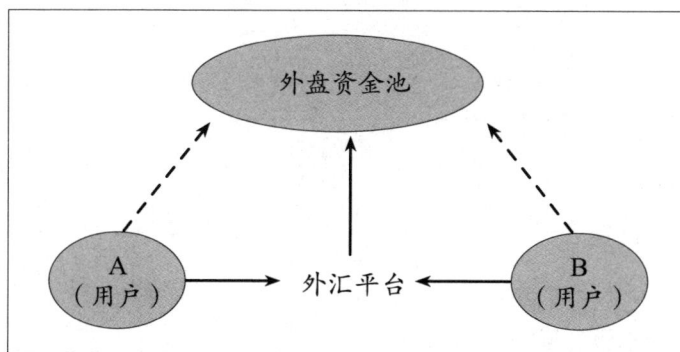

图 3-1　外汇交易模型

二、远期外汇交易

与即期外汇交易不同，它是指市场参与者根据远期合约的规定，在未来指定日期（一般为成交日后 3 个营业日后）进行的外汇交易。远期外汇交易是有效外汇市场不可或缺的一部分。20 世纪 70 年代初，国际汇率制度由固定汇率转变为浮动汇率，加剧了汇率波动，金融市场蓬勃发展，从而促进了远期外汇市场的发展。

远期外汇交易又可分为直接性质的远期外汇交易和期权性质的远期外汇交易。

直接的远期外汇交易是指直接在远期外汇市场做交易，而不在其他市场进行相应的交易。银行对于远期汇率的报价，通常并不采用全值报价，而是采用远期汇价和即期汇价之间的差额，即基点报价。远期汇率可能高于或低于即期汇率。

期权性质的远期外汇交易是指公司或企业通常不会提前知道其收入外汇的确切日期。因此，可以与银行进行期权外汇交易，即赋予企业在交易日后的一定时期内，如5～6个月内执行远期合同的权利。

表3-1　人民币贬值和升值

	内因	外因
货币贬值	a、通货膨胀	a、资金集中外流
	b、资产下跌	b、外资债券违约
货币升值	a、货币缩量	a、外资流入
	b、资产上涨	b、外币主动贬值

三、外汇期货交易

随着期货交易市场的发展，过去作为商品交易媒介的货币（外汇）也成为了期货交易的对象。外汇期货交易是指外汇买卖双方在未来某一时间在有组织的交易所内，以公开叫价（类似于拍卖）确定的价格，买卖一定标准数量的特定货币的交易活动。

外汇期货交易就是通过赚取差价的方式来获得利润，在买入期货后，其价格可能会在未来产生巨大的差价，因此买卖双方可以根据各自的分析，进而通过买卖的方式获得利润，并且大多数外汇期货交易的最终目的，都是通过投机的方式来赚取差价。

外汇期货交易的主要参与者包括投资者、中介机构和交易所。投资者可以通过期货经纪商开设的交易账户进行外汇期货交易。中介机构为投资者提供交易平台和相关服务，包括交易报价、市场分析和订单执行。交易所是外汇期货交易的交易场所，提供市场规则和监管。

外汇期货交易是一种设计化的期货合约，表现在交易币种、交易数量等都是设计化的。设计化的具体表现：一是交易币种的设计化。例如，在芝加哥的国际货币市场期货交易所开业时只有美元、英镑、加拿大元、德国马克、日元、瑞士法郎、荷兰盾、墨西哥比索八种货币。二是合同金额的设计化。不同外汇期货合约的交易金额有特殊规定，如一份期货合同英镑为 25000、日元为 12500000、瑞士法郎为 125000、加拿大元为 100000、德国马克为 125000 。三是交割期限和交割日期固定化。交割期一般与日历月份相同，多为每年的 3 月份、6 月份、9 月份和 12 月份。一年中其他月份可以购买但不交割。交割日一般是到期月份的第三个星期的星期三。

四、外汇期权交易

外汇期权也称为货币期权，指合约购买方在向出售方支付一定期权费后，所获得的在未来约定日期或一定时间内，按照规定汇率买进或者卖出一定数量外汇资产的选择权。外汇期权是期权的一种，相对于股票期权、指数期权等其他种类的期权来说，外汇期权买卖的是外汇，即期权买方在向期权卖方支付相应期权费后获得一项权利，有权在约定的到期日按照双方事先约定的协定汇率和金额进行交易，同时权利的买方也有权不执行上述买卖合约。

个人外汇期权业务实际是对一种权利的买卖，权利的买方有权在未来一定时间内按约定的汇率向权利的卖方买进或卖出约定数额的某种货币；同时权利的买方也有权不执行上述买卖合约，为个人投资者提供了从汇率变动中保值获利的灵活工具和机会。具体分为"买入期权"和"卖出期权"两种。

"买入期权"指客户根据自己对外汇汇率未来变动方向的判断，向银行支付一定金额的期权费后买入相应面值、期限和执行价格的外汇期权（看涨期权或看跌期权），期权到期时如果汇率变动对客户有利，则客户通过执行期权可获得较高收益；如果汇率变动对客户不利，则客户可选择不执行期权。

"卖出期权"则是客户在存入一笔定期存款的同时根据自己的判断向银行卖出一个外汇期权，客户除收入定期存款利息（扣除利息税）外还可得到一笔期权费。期权到期时，如果汇率变动对银行不利，则银行不行使期权，客户有可能获得高于定期存款利息的收益；如果汇率变动对银行有利，则银行行使期权，将客户的定期存款本金按协定汇率折成相对应的挂钩货币。

看涨期权：

平值期权

实值期权　　　　　　虚值期权

行权价 / 执行价

8 元　　　　10 元　　12 元
　　　　　　　市场价

看跌期权：

平值期权

虚值期权　　　　　　实值期权

行权价 / 执行价

8 元　　　　10 元　　12 元

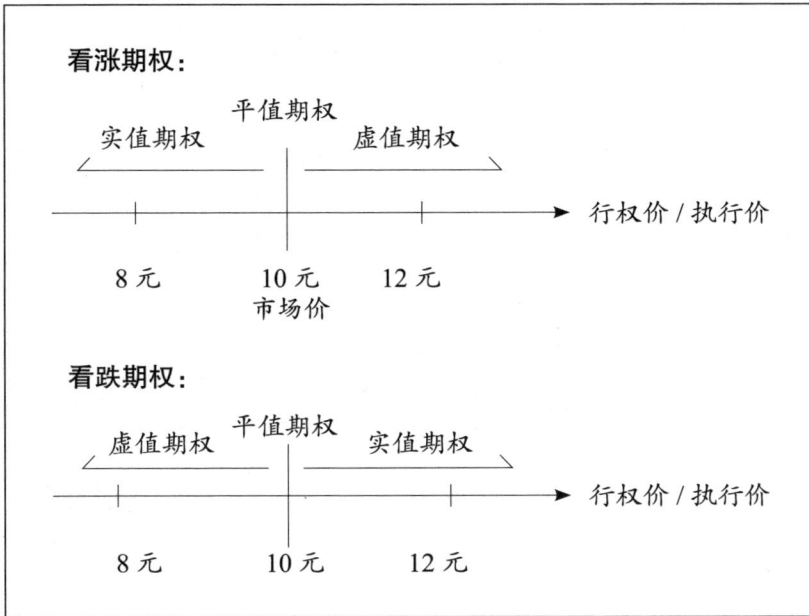

图 3-2　期权交易图

外汇期权业务的优点在于可锁定未来汇率，提供外汇保值，客户有较好的灵活选择性，在汇率变动向有利方向发展时，也可从中获得盈利的机会。期权的买方风险有限，仅限于期权费，获得收益的可能性无限大；卖方利润有限，仅限于期权费，风险无限。

以上就是外汇市场中常见的四种交易方式，每种交易方式都有其优缺点和特点。总之，除了先择合适的交易方式，投资者还要具备足够的知识和技能，以及正确的风险控制策略，才能在市场中获得收益。

全球五大外汇交易平台

外汇交易平台指外汇市场上一些具备一定实力和信誉的独立交易商，不断地向投资者报出货币的买卖价格（即双向报价），除了节假日 24 小时交易，并在该价位上接受投资者的买卖要求。

平台可以持有自有资金与投资者进行交易，在市场成交稀少的时候，买卖双方不需等待交易对手出现，只要有平台出面承担交易的对手方即可达成交易。这样，会形成一种不间断的买卖，以维持市场的流动性。概括地说就是一个外汇交易的场所。

全球比较常见的几大交易平台有：

一、激石（Pepperstone）

Pepperstone 直接翻译过来的中文含义是"胡椒石头"。但国内投资者更愿意称它为"激石"。澳大利亚激石金融集团有限公司作为全澳大利亚最大的外汇和贵金属交易公司，月交易量达到千亿美元。激石不以做市商的模式，而是直接以 ECN 电子自动撮合成交模式提供给客户超过 22 家投资银行的即时报价，自动选择最有利于客户的报价成交。激石是由曾在投资银行中的外汇和技术领域拥有丰富经验的管理团队所组成。公司总部设在澳大利亚传统金融中心墨尔本市。

作为一家经验丰富的外汇经纪商，激石拥有先进的技术、丰富的产品和优质的服务。

首先，激石支持用户免费使用 MT4、MT5 之类的交易平台，且不受终端设备限制。无论 PC 用户、安卓用户，或是 iOS 用户，都能随时随地通过专业平台进行在线交易。其次，除了外汇交易，它还支持用户参与大宗商品、指数合约、股票合约等丰富金融产品（细分有 1000+ 种）的交易。

为保障用户资金安全与服务体验，激石接受了强有力的金融监管，同时获得了澳大利亚 ASIC、英国 FCA 等权威机构的认证资格。此外，它可为每一位投资者提供资金隔离存放、安全入金、客户端加密服务。

为了让交易者有一个更好的交易体验，激石给客户提供卓越的技术，包括交易的快速执行，低点差和更专业的客服。

表3-2　外汇交易市场

外汇交易市场	外汇交易时间	
新西兰惠灵顿外汇市场	04：00—12：00（冬令时）	05：00—13：00（夏令时）
澳大利亚悉尼外汇市场	06：00—14：00（冬令时）	07：00—15：00（夏令时）
日本东京外汇市场	08：00—14：30	
新加坡外汇市场	09：00—16：00	
英国伦敦外汇市场	16：30—00：30（冬令时）	15：30—23：30（夏令时）
德国法兰克福外汇市场	15：30—00：30	
美国纽约外汇市场	21：20—04：00（冬令时）	20：30—03：00（夏令时）
中国香港外汇市场	09：00—16：00	

二、万腾（Vatee）

万腾集团成立于 2013 年，是全球顶尖的差价合约经纪商，于澳大利亚悉尼注册，受澳大利亚 ASIC（监管号：001299144）的权威监管，同时受瓦努阿图金融投资委员会（VFSC:700521）的权威监管并获得美国全国期货协会（NFA：0546588）的普通金融注册。

万腾所有客户的资金都存放于信托账户中。该信托账户的建立和操作完全遵从相应监管机构颁布的相关客户资金规定。

与一般银行不同，像万腾这样的交易商公司必须将客户资金和资产与自有资金隔离存放。这意味着，我们不得在运营业务中使用客户资金。即便万腾清盘，客户资金可完全分隔并受到保护，不受债权人追索。

客户的资金将存放于顶级银行隔离托管账户中。这意味着，资金仍是您的，而非万腾的，并且它将被视作客户资金，所以万腾及其债权人将不得对其进行收费，或行使留置权、抵消权及保留权。万腾在多家备受信赖的顶级国际银行设立了隔离银行账户，例如美国运通公司（American Express Bank Limited）和星展银行（DBS Bank Limited）。

万腾公司提供六大交易产品的差价合约服务：外汇、贵金属、大宗商品、加密货币、股票以及指数。

万腾不仅仅是外汇交易平台，更是一家科技驱动的金融公司。他们的智能算法是外汇投资的得力助手，通过深度数据分析和机器学习，能够识别市场趋势和交易机会。这些算法的应用使投资者能够更明智地做出决策，降低风险，提高回报率。

万腾的数字化金融解决方案让外汇投资更加便捷和高效。投资者可以随时随地访问他们的账户，执行交易，并获取市场动态的实时信息。这种高度数字化的方式不仅提高了投资的灵活性，还缩短了交易的执行时间。

万腾的平台覆盖了全球各大外汇市场，让投资者可以多样化地分散投资组合。

三、嘉盛集团（Gain Capital）

嘉盛集团（Gain Capital）为美国知名商品与股票经纪商 StoneX 集团（原名 INTL FCStone）所有，嘉盛集团通过 FOREX 和 City Index 品牌提供零售外汇和差价合约交易服务，为来自全球 180 多个国家的零售客户和机构投资者提供执行、清算、维护等服务和技术产品。嘉盛集团迄今已在美国、英国、澳大利亚、日本开设代表处。

嘉盛集团是零售外汇交易行业中最大且最具盛名的品牌之一，其为全球范围内的外汇、黄金投资者提供全球外汇市场领导者之公平透明的报价，及优质的交易执行。FOREX 嘉盛集团还为投资者提供专业的图表、专家市场评论、先进的交易工具和丰富的学习资源。

嘉盛集团针对不同的交易需求，提供多款不同的交易平台，其平台交易稳定、执行准确、点差有竞争力、交易品种丰富、汇评资源多样、图表功能强大。

嘉盛集团及其企业在全球范围内受下列机构监管：美国商品期货交易委员会（CFTC），美国国家期货委员会（NFA），证券交易委员会（SEC），英国金融服务监管局（FSA），日本金融服务管理局（FSA），证券投资委员会（ASIC），证券及期货事务监察委员会

（SFC）。

作为一家上市公司（NYSE 代号：GCAP），嘉盛集团股份有限公司在公司管理及财务报表和披露（包括发布季度和年度财务报告）方面均依照高标准执行，并且拥有雄厚的资金实力，体现在健康的资产负债状况，以及稳定的经营利润。

四、福汇（FXCM）

福汇集团（FXCM）是一家全球领先的外汇交易商，提供多种金融产品的交易服务，包括外汇、指数、商品、股票等。作为全球最大的外汇交易商之一，福汇拥有广泛的客户群体，受到全球多个监管机构的严格监管，并拥有先进的交易平台和工具，为投资者提供安全、可靠、高效的交易体验。

福汇集团通过其全资子公司 FXCM 英国公司和 FXCM 美国公司，为全球投资者提供外汇交易服务。福汇的交易平台和工具充分考虑了不同投资者的需求，从新手到专业投资者都能找到适合自己的交易产品和服务。福汇还提供多种风险管理工具，如止损订单、限价订单等，帮助投资者控制风险。

此外，福汇还通过其子公司 FXCM Pro 和 FXCM Prime 为机构投资者和高净值个人客户提供高级别的交易服务和风险管理解决方案。这些服务包括定制的交易策略、专业的市场分析和及时的新闻更新等。

福汇拥有强大的技术实力和研发能力，其交易平台和工具不断升级更新，以满足市场的需求。福汇的交易平台不仅支持多种货币对的交易，还支持黄金、白银等贵金属的交易。此外，福汇还提供移动交易功能，投资者可以在手机或平板电脑上进行交易。

福汇高度重视风险管理，采取多种措施保障客户的资金安全。首先，福汇受到全球多个监管机构的严格监管，包括英国金融行为监管局（FCA）和美国商品期货交易委员会（CFTC）等。其次，福汇采用高级加密技术和多层安全防护措施来保护客户的账户和资金安全。此外，福汇还提供多种风险管理工具，如止损订单、限价订单等，帮助投资者控制风险。

五、FXDD（FX Direct Dealer）

FXDD（FX Direct Dealer）是美国享有盛誉的金融经纪公司Tradition Group Company 旗下的子公司。公司经营的产品众多，包括：债券、股票、固定利息产品、外汇、期指、期权、期货及众多的金融衍生产品。同时还交易如金属，能源等期货产品。

Tradition Group 公司拥有 40 年的经营历史。于 1973 年在瑞士股票交易市场挂牌上市，并于 1999 年在德国法兰克福股票交易市场交易。旗下 16 家分公司遍布全球。

凭借母公司雄厚的运作资本和顶级的技术支持，FXDD 的外汇交易系统在专业界有口皆碑。为达到大型金融机构的外汇交易的要求，公司价格刷新和订单执行速度已达到国际尖端标准。

FXDD 注 册 在 美 国，其 母 公 司 Tradition（North America）在CFTC 拥有 NFA 注册，注册号码：0271750，其所有业务都在 CFTC监管之下。FXDD 作为传统集团，零售外汇是其一个独立部门，FXDD 直接执行其母公司传统集团最严格的行业标准，可以申请模拟学习和操作。

这几大平台都拥有良好的声誉和专业的团队，可以满足不同类型投资者的需求。另外，我们在选择平台时要谨慎评估风险，并确保自己了解所做决定的所有可能后果。在投资过程中，务必保持理性并遵循自己的风险承受能力。

外汇交易规则

外汇交易是全球最大、最活跃的金融市场之一，每天吸引着大量的交易者参与其中。然而，要在外汇市场取得成功并赚取稳定的收益，除了技术分析和市场洞察力外，熟悉外汇平台的交易规则也是至关重要的。

一、交易时间

我们需要了解平台的交易时间规则，以便在最佳时机进行交易。外汇交易时间是周一至周五，24 小时运转，具体时间根据各个国家和地区的时区而有所不同。有些平台可能在周末暂停交易，而有些平台可能在特定时段暂停交易或限制某些货币对的交易。在交易时间内，交易所和电子交易平台会提供持续的报价和交易服务，投资者可以根据市场行情进行买卖操作。

二、交易费用

在进行外汇交易时，我们需要支付一定的费用。了解平台的交易费用对于我们来说是至关重要的，因为它直接影响到交易的成本和盈利潜力。交易费用包括点差和佣金。点差是买入价和卖出价之间的差额，是交易者实际交易价格与市场价格之间的成本。佣金则是交易平台为提供交易服务所收取的费用。

三、交易方式

外汇交易可以通过市价交易、限价交易和止损交易等方式进行。市价交易是指以当前市场价格进行交易；限价交易是指投资者可以设定一个特定的价格进行买卖；止损交易是指设定一个最大的亏损额度，当价格达到这个额度时自动平仓。此外，一些投资者还会采用套息交易、对冲交易等策略。

四、账户类型

外汇交易平台通常提供多种账户类型，如标准账户、迷你账户和 VIP 账户等，每种账户类型可能具有不同的交易规则和特点。交易者需要仔细了解不同账户类型的条件和优势，选择最适合自己的账户类型。

五、交易主体

外汇交易的主体包括投资者、交易所、经纪商和流动性提供商等。投资者是参与外汇交易的个人或机构，他们通过购买和卖出货币对来实现盈利。交易所是提供外汇交易服务的机构，如芝加哥商业交易所（CME）和新加坡交易所（SGX）等。经纪商则是为投资者提供交易服务的机构，他们可以连接到多个交易所并为客户提供报价和交易服务。流动性提供商则负责提供市场报价和执行交易指令。

六、杠杆比例

外汇交易的一个显著特点是高杠杆比例。交易平台通常会提供不同的杠杆比例供交易者选择，如 1:50、1:100 或更高。杠杆比例的增加可以放大交易者的盈利，但同时也增加了亏损的风险。投资者在选择杠杆比例时，需要根据自身的风险承受能力和交易策略进行谨慎评估。做外汇投资，安全永远是放在第一位的。交易做得再好也是为了生活，对于这一点应当注意不动用生活资金，避免重仓交易，避免孤注一掷的心态。

总之，在参与外汇交易之前，了解并熟悉这些规则和制度是非常必要的。只有充分了解并遵守这些规则，我们才能在激烈的市场竞争中保持理性，制定合理的投资策略并取得成功。

外汇交易理论模型

近年来，随着技术的发展，量化模型已在外汇交易领域受到广泛关注。这些基于数学和统计学的模型为交易者提供了一个结构化的方式来分析市场，并据此做出交易决策。

这些模型涵盖了多个方面，包括技术分析、基本面分析、市场心理学等。下面将介绍几种常用的外汇交易理论模型。

一、技术分析模型

技术分析是指通过研究价格走势、交易量和市场心理来预测市场未来的走势。其中，最常用的技术指标包括移动平均线、相对强弱指标、随机指标等。这些指标可以帮助交易者确定买入和卖出的时机，以及制定止损和止盈的策略。

二、基本面分析模型

基本面分析是指通过研究宏观经济因素、政治和社会事件等对外汇市场的影响来预测市场走势。交易者需要时刻关注全球经济状况、国际政治局势以及央行政策等信息，以便及时调整交易策略。通常，对于主要货币对如欧元／美元、美元／日元等，基本面分析起到了至关重要的作用。

三、随机漫步理论

随机漫步理论认为价格在短期内是随机波动的，无法通过技术分析或基本面分析来预测其走势。该理论的核心思想是市场价格已经反映了所有可用的信息，因此不能依靠以往的价格变动来预测未来的价格。随机漫步理论对于交易者而言，起到提醒他们不要过分追求短期利润，应该注重长期的投资回报的作用。

四、市场心理学模型

市场心理学模型关注交易者的情绪对市场的影响。市场情绪通常会导致价格的超买和超卖，造成短期的价格波动。通过观察市场情绪指标，交易者可以获得一定的参考，但也需要结合其他技术指标和基本面因素进行综合判断。

除了以上几种常见的外汇交易理论模型，还有一些其他的模型和策略，如动量策略、趋势交易策略、逆势交易策略等。每个交易者都可以根据自己的偏好和风险承受能力，选择适合自己的交易理论模型和策略。

建立一个适合自己的外汇交易模型是很有必要的，因为可以在一定程度上减少交易时的亏损，让你获利越来越多。那外汇交易模型怎么建立？

一、确定交易策略

创建交易模型需要识别合适的机会，这反过来又涉及选择已确定的策略，或者将新策略概念化为标准策略的变体。交易策略仍然是任何交易模型的核心，因为它清楚地规定了要遵循的规则、入场点和离场点、盈利潜力、交易持续时间、风险管理标准等。

二、确认要交易的资产类型

外汇交易的具体策略要求必须要谨慎选择交易的品种或对象：

交易的资产：交易只涉及货币交易，还是会涉及外汇期货、外汇期权或更高级的外汇衍生品（如障碍期权）交易；

交易的货币对：根据策略确定值得交易的货币对（如欧元美元、日元澳元等）；

货币的类型：所选货币对属于哪类货币，是主要、次要货币，还是外来货币，因为这些类别各有特定的特点。

三、插入外汇特定参数

交易策略和资产类型确定后，创建外汇交易模型的下一步是引入外汇策略的具体参数。可能包括：

参数的选择一定要考虑特定地缘政治进展、经济形势、宏经济数据公告等相关新闻，另外还要考虑交易时机以及技术工具、基本面因素和监控要求等。

四、设定交易目标

这一步骤主要集中于将以下基本特性合并到交易模型中，并在不同值中找到最适合的。如盈利水平（如点的移动）、止损水平、资金管理/仓位规模、风险管理/风险收益比等，可以从一些假设开始，并进行更多迭代测试，从而找到最有利可图的假设，对其进行微调。

五、对模型进行回测

所有的交易模型都有其鲜明的个人烙印，由于每个交易者的思维、经历和性格都不一样，因而创建的交易模型也是不一样的，一个好的交易模型兼具盈利性和适合性，适合别人的交易模型并不一定适合你。交易模型通常会受到个人知识水平、个人自我挑战和盲目信仰的束缚，这几点很重要，但往往被交易者所忽视。因此，用历史数据回测交易模型就尤为重要，这种回测方式可以帮你看清交易模型的缺陷和不足，从而避免在真实账户交易时出现大幅亏损。在回测的过程中，你也可以对各种参数做一些修改，从而完善交易模型，保证将交易模型运用到真实账户时可实现盈利。

六、交易模型的迭代分析

开发交易模型需要耐心分析，包括通过对数学参数的反复更改，以及对基础理论概念的改变，从而进行大量的迭代。在这个周期中，记录成功和失败的案例是有帮助的，这样就可以记录哪些是有效的，哪些是无效的，这些在漫长的交易生涯中都是有用的。

如今，尝试实现所有东西自动化是一种趋势。计算机可以用来搜索历史数据中的模式，这些模式可以构成开发新模型的基础。针对历史数据运行的计算机程序还有助于进行回溯测试。

随着计算机技术的进步，交易过程已经迅速数字化。算法交易，基于特定的量化模型，可以在很短的时间内完成大量交易，提高交易执行的效率。使用交易模型的一个主要优点是，它消除了交易时的情绪干扰和心理阻碍，而这两点众所周知是交易失败和亏损的主要原因。量化模型允许交易者通过历史数据寻找市场的潜在规律。通过这种方式，我们可以发掘出有利的模式或趋势。

量化模型通过模拟不同的市场条件，为我们提供了一个评估其策略可行性的方法。这不仅有助于我们了解自己的策略在不同市场环境下的效果，还可以帮助我们调整策略，以应对未来可能出现的各种情况。

外汇交易的常用技巧

外汇交易技巧是指投资者在外汇交易过程中所采取的买多或者卖出的策略。就像一个将军带兵打仗需要策略，外汇交易者也需要有自己的交易策略。拥有一套高效的外汇交易策略是外汇交易成功的基石。

一、趋势跟踪

趋势跟踪是一种追求长期走势的交易手法。这听起来只需要跟随趋势，但做下去却非常困难，因为没有人可以100%确定什么是正确的趋势。趋势跟踪策略是基于"顺势而为"原则，通过识别和跟随市场的主要趋势来进行交易。投资者需要利用技术分析工具，如移动平均线、MACD 等，来判断趋势的形成和持续性。先确认市场趋势，然后选择合适的时间框架和技术指标，进场点通常在趋势确立后的回调或突破点，止损设置在趋势反转的关键水平下方，目标利润点位于趋势可能达到的极限位置。这种策略适用于有明显趋势形成的市场环境，不适宜在高度震荡的市场中使用。

二、头寸交易

头寸交易是持仓时间较长的一种交易方式，交易最长可以延续数周甚至数月，与短期的日内交易刚好相反。因此头寸交易者比较明显的特征就是很有耐心，他们不会被眼前的利益冲昏头脑，而是会根据市场情况和自身风险承受能力做出决策。这类交易者在交易时比较依赖基本面分析，但是也会根据技术指标（如移动平均线、相对强弱指数）和图表模式等进行判断入场时机。头寸交易的优点是高额回报，并且分析图表只需要很少的时间，比较适合上班族；缺点是市场波动难以预测，如果价格与预期走势相反，那么交易将遭受严重损失，所以头寸交易适合有一定经验和市场知识的投资者。

三、突破交易

突破交易策略是基于价格突破历史水平或图形结构后会产生强劲走势的假设。我们要识别关键的价格水平或图形（如三角形、头肩底等），等待价格突破并伴随着成交量增加，确认突破后迅速跟进，止损点设置在突破点附近，以防止假突破。适合于市场波动加大，有重大新闻或事件影响时使用。

四、波段交易

波段交易是一种短期的投资交易策略，也属于日内交易的一种。通过追踪和利用市场价格的短期波动来进行买卖交易，波段交易者会利用市场短期上升或下降的特定趋势，以获取较小但快速的利润。波段交易持续时间为几天到几周，交易的时间框架通常是 1 小时图和 4 小时图。许多交易者采取的策略是寻找到趋势上扬的货币对，并使用震荡指标显示超卖水平。在确认该货币对超卖后，进行多头交易。波段交易策略通常是基于技术分析和图表模式之类的工具和指标，因此学习支撑和阻力位、K 线形态以及移动平均线等技术分析理论是基本功。波动交易者的风险相对较小，因为持仓时间较短，不会受到市场长期的趋势影响，这是波段交易者的优势，但同时也是缺点，波段交易者通常也无法驾驭大的趋势。

五、套利交易

套利交易策略利用市场效率不足，通过同时买入和卖出两种相关联的货币对来获得无风险利润。我们要监控两个市场或两种货币对的价差，当价差扩大到一定程度时，低价买入高价卖出，等待价差缩小后平仓获利。适用于能够发现价格差异并且可以快速执行交易的投资者。

六、高频交易

高频交易不考虑较长周期的走势，只集中短时间内在外汇市场中进行大量交易，通过迅速获取微小的利润累计来获得高额回报。一般一天可以进行几十次交易，每次目标利润从数点到数十个点，但盈利概率很大，可以积少成多。只集中在超短线的波动，快进快出甚至短于一分钟。专业操盘手可能在区间行情里，捕捉极窄幅的的价格波动，频繁交易套利，虽然每笔盈利少，但讲究积少成多。高频交易对硬件设备和程序交易技术有极高要求，利用网络存在的报价延迟，利用比毫秒更快的速度，赚取价差。

七、新闻交易

新闻交易策略主要利用新闻时间段波动大、速度快进行交易。我们要提前准备好对重大新闻事件的反应计划，关注经济日历，根据预期和实际数据差异进行快速交易，注意风险管理，因为新闻事件往往会引起市场的剧烈波动。适用于经济数据发布、政治事件或任何可能引起市场剧烈波动的时期。

在波动的货币市场中，无论是初入市场的新手还是经验丰富的老手，了解并掌握多样化的交易策略都至关重要。外汇交易策略的建立需要我们对市场有深入的了解和分析。以上介绍的几种策略是外汇交易中常见且有效的方法，但我们在实际操作中还需结合自身经验和风险承受能力，灵活运用并及时调整策略。

马丁格尔策略

马丁格尔策略起源于 18 世纪的法国。当时有一对夫妇，丈夫叫做马丁（Martin），妻子叫格尔（Gale）。每个月马丁赚多少钱，格尔就会把它花光并多花一些钱。之后，这对夫妇发现，如果这种情形一直下去，不久后他们将会破产。所以最后马丁格尔夫妇决定，以后不管马丁每个月赚多少钱，格尔都至少要留下一块钱。由此衍生出了马丁格尔策略。

马丁格尔策略是一种古老的交易智慧。它自古以来一直被运用到博弈中，在金融交易和博弈中，是一种最常见和最基础性的策略之一，号称"永远不会输钱"的交易策略。其操作准则是亏损后加仓，过一段回撤后继续加仓，反复加仓，等待一个回撤，把亏损全部打平。所以这一策略不会亏钱的核心是行情回归和足够的资金扛得住回撤损失，直到最后一把翻身。

马丁格尔策略是一种十分重视资金管理和利用的交易策略，仓位的管理是交易者能否运用这一策略在外汇市场中成功获利的关键。马丁格尔策略包括马丁格尔策略和反马丁格尔策略。前者是一种逆势操作的交易策略，后者则是一种顺势操作的交易策略。由于策略机制简单，马丁格尔策略还受到众多 EA 智能交易开发者的偏爱。相对于趋势 EA、对冲 EA 等智能交易程序来说，马丁格尔 EA 编写的难度相对较小，操作更加方便。

具体来说，马丁格尔策略实际上类似于一种押注策略。我们在每笔亏损之后都要加倍押注，从而使连续亏损之后出现的首次盈利可以覆盖掉之前所有的亏损，实现扭亏为盈。它遵循着这样一种思想：外汇市场中的交易者大多数情况下都是亏损的，但是只要存在一次盈利的总额大于之前亏损的总额，那么交易者最终还是可以获得收益。

例如，我们第一次以 1 美元作为买入金额，但是亏损了，此时总营收为－1美元；第二次则需要加倍以2美元作为买入金额，如果仍然亏损，此时的总营收就为－3美元，且第三次加倍以4美元作为买入金额；如果亏损，此时总营收则为－7美元，第四次加倍以8美元作为买入金额。在第四次交易时，市场出现反转，交易者盈利8美元，则总营收就变为了1美元，我们最终通过在亏损时加倍押注实现了扭亏为盈。在亏损转为盈利后，我们就需要将买入金额重新改为最低的1美元继续开展后续交易。

与马丁格尔策略相反，反马丁格尔策略是在盈利的时候加倍加仓，以获得更多的收益，而在亏损出现的时候以最小仓位重新开始后续交易的一种交易策略。与马丁格尔策略相比，反马丁格尔的优点就在于当出现连续亏损时，本金的亏空速度慢于马丁格尔策略下的交易。因为一旦出现亏损，反马丁格尔交易者就会将投入的点数重新降到最低，进而需要更多次连续的亏损才会完全抵消之前的盈利。这是马丁格尔策略的延伸，理论上这种策略更适合用在趋势行情中，因为顺势而为的操作有很高的成功率。成功率的提高伴随的是逐步加仓获取的超额收益。

可见，马丁格尔策略更适合在震荡的市场行情中使用，即在货币价格涨跌交替出现的市场行情中操作才有效。需要注意的是，外汇市场中的交易是有杠杆的，如果采用马丁策略时对趋势分析不当，在连续的单边行情下操作，我们就容易爆仓。所以在采用任何一种交易策略之前，都需要把握好市场行情发展的大趋势。

在操作过程中，仓位管理对于马丁格尔策略来说十分重要。我们需要严格控制加仓倍数。因为加仓倍数的增大虽然能够使交易者在回撤时更快地抵消亏损，但是也会放大爆仓风险。其次，加仓的间隔也需要仔细把握。同时，我们仍要设置好止损止盈，将收益和亏损都控制在可以承受且合理的范围内。

对于一种非常有效的交易策略来说，马丁格尔策略是非常简单且直观高效的。这或许也是它能够一直受到众多投资者喜爱的原因吧。

第 4 章

抓住机会很重要——房地产投资

有的人买房子是为了居住，有的人买房子是为了投资。房产是商品，具有使用价值；它又是一个投资品种，我们可以通过房产升值和租金来实现投资回报。

房地产永远是你关注的一个投资产品

目前，在中国的城市化进程中，房地产业扮演着至关重要的角色。

在改革开放初期，中国的房地产市场相对较小。然而，随着市场经济的不断发展，以及国家政策的推动，房地产市场开始蓬勃发展。1998年，中国的住房制度改革正式启动，允许个人购买房屋并拥有产权。此后，房地产市场得到了迅速发展。

根据统计数据显示，2019年，中国房地产业总产值超过43万亿元人民币，占全国GDP的8.2%。同时，房地产业还是员工人数最多的行业之一，2019年全行业从业人员总数约为4600万人。截至2021年底，中国共有369个城市，涵盖了超过七亿多人口，这为房地产市场提供了广阔的空间和巨大的潜力。

房地产业作为一个持续发展的支柱产业，在现代社会中扮演着至关重要的角色。尽管房地产市场有时遭遇波动和挑战，但其仍被许多国家和地区视为经济发展的关键支柱。为什么在房地产市场萧条的情况下，高层仍坚持将其定为支柱产业呢？

因为房地产业在经济发展中扮演着重要的角色。房地产业的发展涉及多个产业链，包括建筑业、金融业、装修及家居业等。这些产业之间相互关联，形成了庞大的产业群体，为国家和地区提供了大量的就业机会和财富创造。此外，房地产购买者常常需要购买家具、家电、装修材料等产品，这进一步刺激了相关产业的发展。

未来，中国的房地产市场仍然具有较大的发展空间。一方面，随着城市化进程的加速，人口流动和住房需求不断增长，将为房地产市场带来更多机遇。另一方面，随着新技术的不断应用，房地产行业也将迎来转型升级。例如，物联网技术、大数据分析、人工智能等都将对房地产业产生深远的影响。

总之，中国的房地产业是国民经济的重要组成部分，也是中国三大支柱产业之一。在未来，随着城市化进程的推进和新技术的应用，房地产市场仍将保持健康稳定发展，并为国家经济发展做出贡献。

在当今社会，投资是许多人赚取财富的主要途径之一。房产投资是比较常见的一种投资方式，是有其独特的优势的。

一、相对稳妥的投资方式

不同于其他高风险的投资方式，房产投资通常保值甚至升值。随着房子的供需关系，房屋价格会有所波动，但是基本上都是上涨的趋势。所以房产投资可以作为一种保值的手段，还可以提供稳定的现金流收入。房地产作为一种特殊的商品，具有使用寿命长、耐久性强的优点。一般情况下，房屋的使用寿命在百年以上，至少几十年（产权期为70年）。这种长期持久性为有利可图的投资提供了广泛的时间机会，即使在经济衰退的过程中，房地产的使用价值仍然不变，所以房地产投资又是有效的保值手段。

二、抗通货膨胀能力

有关研究成果表明，房地产投资能有效抵消通胀，尤其是预期通货膨胀的影响。由于通货膨胀的影响，房地产和其他有形资产的重建成本不断上升，从而导致了房地产和其他有形资产价值的上升，所以说房地产投资具有增值性。随着时间的推移，房屋价值会不断提升，从而提高了房产投资的潜在回报。而且，房租价值也随着时间的推移逐步上涨，增加了房地产投资的收益率，收益率在长期投资方面是比较高的。

从我国房地产市场价格的历史变化情况来看，房地产价格的年平均增长幅度，大大超过了同期通货膨胀率的平均水平。美国和英国的研究资料表明，房地产价格的年平均上涨率大约是同期年通货膨胀率的两倍。

我们说房地产投资能够增值，是在正常市场条件下，从长期投资的角度来看的。短期内房地产价值的下降，并不影响其长期的增值特性，从房地产市场的长期景气循环规律来看，房地产价格总是随着社会经济的发展不断上升的。

三、有利于获得金融机构的支持

在投资房产的时候，可以把房产作为抵押物抵押给银行，所以投资者很容易获得金融机构的支持，这样能够得到投资所需要的大部分资金。金融机构通常认为作为抵押物的房地产，是保证其能按期安全收回贷款最有力的保证。因为除了投资者的资信情况和自有资金投入的数量外，房地产本身也是一种重要的信用保证，且通常情况下房地产的租金收入就能满足投资者分期还款对资金的需要，

所以金融机构可以提供的抵押贷款比例也相当高，一般可以达到
70% ~ 90%，而且常常还能为贷款者提供利率方面的优惠。

四、提高投资者的资信等级

现在买房是衡量个人经济能力的一种方式，其实除了拥有房产
之外，更可以全面提高投资者的信誉。由于拥有房地产并不是每个
公司或个人都能做到的事，所以拥有房地产变成了占有资产、具有
资金实力的最好证明。这对于提高置业投资者或房地产资产拥有者
的资信等级、获得更多更好的投资交易机会具有重要意义。

房地产投资也并不是十全十美，它也有其自身的缺点。

1. 投资数额大。不论是开发投资还是置业投资，所需的资金常
常涉及到几百万、几千万甚至数十亿元人民币，即使令投资者只支
付 30% 的资本金用作前期投资或首期付款，也超出了许多投资者的
能力。大量自有资本的占用，使得在宏观经济出现短期危机时，投
资者的净资产迅速减少。

2. 投资周期长。除了房地产开发投资随着开发过程的结束在三
至五年就能收回投资外，置业投资的回收期，少则十年八年，长则
二三十年甚至更长，要承受这么长时间的资金压力和市场风险，对
投资者资金实力的要求很高。

3. 变现能力差。房地产被认为是一种非流动性资产，由于把握
房地产的质量和价值需要一定的时间，其销售过程复杂且交易成本
较高，因此它很难迅速无损地转换为现金。房地产的变现性差往往
会使房地产投资者因为无力及时偿还债务而破产。

总之，房产投资作为一种相对稳妥的投资方式，不仅可以保值，

还可以增加现金流、实现升值回报，永远是你要关注的一个投资产品。

房地产是向市场输送货币的最佳通道

在前面的章节中我们讲了人民币的发行逻辑，明白了资产承载货币的原理。房地产作为承载货币的重要资产，具有一个特殊属性——房地产是向市场中输送货币的最佳通道。

基础货币特指由中央银行发行的货币，即纯信用主权货币。而M2的扩大就是依靠基础货币的乘数效应，以信用为基础，源源不断地发行货币。而银行在这个过程中的作用就是把存款变成贷款，由于存款准备金的限制，银行只能把一部分存款转变成贷款。而贷出去的款，并不会都跑到银行系统之外，而是以不同的形式再回流到银行，又变成了存款。存款转化贷款，贷款形成存款再贷出去，就这样形成了货币发行的闭环。

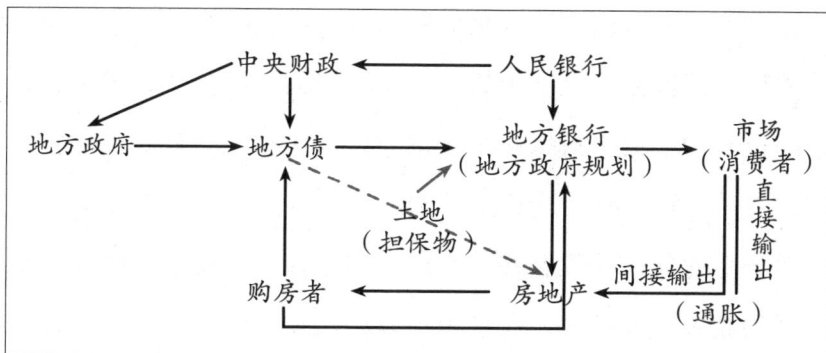

图 4-1　人民币发行图

比如你现在要购买一套价值 100 万的房子，但是你只有 30% 的首付款，也就是 30 万元，于是你向银行申请 70% 的贷款，也就是 70 万元。最后，你的首付加上银行贷款合计 100 万的房款就给了开发商，你得到了一套房子，但是你欠银行 70 万，以后你需要每个月向银行按约还款，银行对你有 70 万的债权。

在这个过程中，我们发现进去的是 30 万出去的是 100 万，而这些钱都是通过买房子以后，把这些钱流通到了市场里边，相当于你买房子承担了这个债务，而这个债务所形成的资金流最终就流到了市场里边，这种现金流的流通方式是能够快速让市场中有一股新鲜的血液，从而增加货币的流动性。

接下来，开发商把卖房子的钱再用来支付买地款、建筑用材、工人工资、税收。而这加起来也是一笔不小的费用，开发商的现金流也不足以支撑这些费用，需要向银行贷款。

政府收到土地款、税收之后，又以多种形式花出去，最终又回到银行，由存款再转化成贷款，银行又通过贷款释放新的流动性。

综合来看，房地产贷款是信用创造的最主要媒介，它就是向外界释放活水的源泉。现在市场上流通的很大一部分钱，都是通过房地产印出来的，而参与每一个环节的借贷人和银行就是流动性的共同创造者，从而实现信用创造、M2 扩张。

而新增的货币并没有在房地产中固化停滞，而是不断参与到银行存贷的新陈代谢中去，制造出更多的流动性。所以房地产每一次的量价齐涨，总是伴随着信贷投放量的扩张。

房地产开发销售的过程，实质上，是土地作为媒介的"货币化"，把城市投资建设的负债转移了。在这个过程中，最开始是土地充当货币"创造者"的角色，到最后，是我们手里的房子成为货币创造的终极载体。而房产这个"货币创造载体"能够在金融部门获得良好的信用、不菲的抵押价值，从而再次放大"货币创造"的速度。

房地产对于货币来说，最重要的其实是，它帮助货币运行平滑。主要原因是，由于房子存续时间长、无风险收益高，对于大多数普通人来说，房地产是最佳的抵押资产。

大量的小微企业主，应该对此深有体会。小微企业主去银行贷款，什么抵押物最让银行放心？当然是房子。你想拿企业的未来收入做抵押吗？对不起，银行没有能力判断每一家小微企业的经营前景，不能接受这种抵押。

不开办企业的打工人，要想融资，第一抵押工具也同样是房子。不管是去银行借钱还是民间融资，有个房子做抵押，就要容易很多。

假设人们突然没有了房子作为抵押物，那就会使得金融运转的许多环节突然停顿，货币流通不畅，资源调配不顺，那会是一场经济灾难。

除了房地产的金融意义，房地产更重要的意义是，它自身对于老百姓来说，是增量财富，也是许多其他财富得以创造的载体。

房产投资需要"策略"

房产投资是一种常见的选择，但在进行任何投资之前，了解当前的经济状况以及从中寻求投资机会至关重要。

一、了解市场动态

投资房产的第一步就是了解市场动态，需要对目标市场进行深入了解，包括人口数量、流动性、就业率等因素，以了解该市场的房地产需求趋势，并预测未来的需求情况。只有对市场有充分的了解，才能准确地判断投资的价值和风险。此外，关注市场动态还可以帮助你把握购买房产的最佳时机，从而获取更大的投资收益。

二、正确的投资观念

投资房地产是一个大宗投资，会影响我们长期理财生活，所以一定要量力而行，有多少钱就办多少事情。对于购房计划，应当理性思考和评估自身的经济实力和需求，并遵循合理的财务规划。不要盲目跟风炒房或过度借贷，而是要遵循合理的购房策略和风险控制原则，以保护个人资产和财务稳定。可以学习相关的金融知识，了解投资规则和技巧，掌握风险管理的方法和工具。同时，要根据自身的风险承受能力和投资目标，合理配置资产，分散资产风险。

三、长期持有与合理维护

投资房产并非短期行为，而是需要长期持有。只有通过长期的持有，才能实现房产的稳定增值。在此过程中，我们需要对房产进行合理的维护，确保其保持良好的状态，从而在未来的出售或出租过程中获取更高的收益。

四、出租回报率

房价怎么算高，怎么算低，如何判断自己买的房子房价是否过高，是否有投资价值，用出租回报率这个指标就可以判断。

出租回报率是每年租金和房子价格的比率。这个指标如果同时比较一个国家不同城市的房价，准确率更高。一般如果出租回报率在每年5%-7%基本是合理水平。如果出租回报率过低，则说明房地产已经泡沫，房地产价格随时可能暴跌。我们这个时刻买房可能资不抵债。如果买房之后，出租回报率高于7%，说明房地产价格处于低潮，房价有上涨空间。

五、多元化投资组合

将投资分散到不同的房产和区域可以降低风险。通过购买不同类型、不同位置的房产，可以平衡投资组合的风险和收益。此外，关注市场上的新开发项目和二手房市场也可以为投资者提供更多选择。

六、遵循循序渐进原则

在房价日益高涨的时刻，投资房产风险会越来越大。很多投资者会认为，今年刚买了房子，房价就上涨 10％，房子已经升值，怎么会有风险？我们能保证房价 10 ～ 20 年不回落吗？能保证 10-20 年不遇到吗？现在要买房，应该遵循我们的大宗理财的一个投资原则，从租房，到购房，到换房的计划。只要房地产投资，都可能存在这种情况，先买一套，然后再慢慢继续投资，这是一个从实际出发的置业计划。毕竟投资不是冒险，尤其是占自己一生时间很大比例的投资。

七、法律法规

在进行房产投资时，必须了解相关的法律法规和规章制度，如土地规划、房地产交易规则等。必须遵循合法合规的原则，避免因不当操作而承担法律责任。

总之，投资房产是一项需要谨慎考虑和精心策划的行为。只有通过深入了解市场动态、制定明确的投资策略、选择优质的房产并长期持有与合理维护，才能实现房产投资的财富增长目标。在进行任何投资之前，我们应该充分了解自己的风险承受能力、投资目标和资金状况，以做出明智的投资决策。

低成本投资也能赚取高收益

房地产投资是以房地产为对象，为获得预期效益而对土地和房地产开发、房地产经营，以及购置房地产等进行的投资。

房地产投资形式多种多样，房地产开发企业所进行的房地产开发是人们最熟悉的一种类型；为了出租经营而购买住宅或办公楼也是相当普遍的房地产投资类型；将资金委托给信托投资公司用以购买或开发房地产也是房地产投资；企业建造工厂、学校建设校舍、政府修建水库等等，都属于房地产投资。

房产投资最基本最简单的方法就是以低价购买一套房子，在经过一些简单的装修，等过一段时间房价上涨了，就拿给中介出手，这样倒腾一次，差不多可以赚到 15% 左右的利润。这种方法很实用，早期很多房产投资的朋友用这样的方法赚到了钱。一般一年最少可以倒腾四五次，基本上就可以赚取 60% 左右的利润，很多炒房的朋友用这个方法赚得盆满钵满。

我的第一桶金也是投资房子赚来的。2005 年 6 月份，国家刚刚放开外汇管制，于是房地产市场开始有了一个小涨幅，我也非常荣幸在那个时间接触到了房地产。

第一次接触房地产，我一直在思考怎么来投资赚钱。因为当时的房地产市场只能选择两端，一种是和开发商合作来搞房地产开发，另一种是在末端倒腾房子来赚钱。

由于没有大笔资金投入，所以我选择了房地产末端销售，做了当时最早的以租代售。

以租代售就是我将开发商手里空置的商品房租过来，如果三个月把房子卖掉就赚钱，卖不掉就正常付给对方租金。通过这种方式，我囤积了很多的房源，然后我再跟房地产中介人员对接，让他们帮我在下面找客户，然后我从中间挣一点点差价，而我自己本身也在外边做广告宣传，很快就卖掉了一些房子。当时，以租代售成为我最佳的投资手段。

我投资房地产的第二个方式是与开发商做对赌。因为当时的房地产市场比较低迷，开发商有很多房子卖不出去，他们的资金压力也非常大，于是我就跟开发商进行谈判，最后用非常少的定金去压了很多套房子。比如我拿 5 万定金和开发商签下合同，然后再约定一个最迟支付尾款的时间。这个方法最好能拖延多久就拖延多久！之后就利用剩下的时间找买家转手。不过这种方法一般赚取的利润比较低，不过优点就在于你可以使用 5 万元钱去投资一个价值 60-70 万左右的房子，一般拖延一两月卖掉中间的利润也有五六万，这种方法就是用最少的钱投资房产！

第三种投资方式就是低首付购房。这种方法只需要很少的投资就能购入一套房子，投资成本大大降低，可以用更多的资金去投资房产，我们知道一般一套房只需要首付 30%，甚至有的更低。这个方法就大大地提升了投资房产的资金，原本只能投资一套房的资金，现在能投资三套房。

"低首付"或"零首付"并非不需要购房者支付首付款，而是开发商采取做高合同价格，或提供垫付资金等手段"帮助"购房者融资支付首付款。做高合同价格可以让购房者从银行贷到更多的资金，从而用多贷的资金支付首付款；提供垫付资金则更好理解，相当于开发商或者与其合作的小贷公司再为你做一笔首付贷。

低首付的好处主要体现在购房者经济负担减轻、购房门槛降低和购房进程加速等方面。

首先，在房价高位、经济增速放缓的背景下，购房者往往会遇到资金短缺、首付压力大等问题，而零首付和负首付购房方式无疑是解决这些困难的有效途径。它的出现可以让购房者无须支付较高的购房成本，从而减轻购房者的经济负担。

同时，它可以有效地降低购房门槛，让更多有一定购房需求的人能够实现购房梦想。尤其是对于年轻人和刚刚步入社会的人群来说，有了这种购房方式，他们可以在不担心首付成本的情况下，更加自由、更加灵活地选择自己想要的房屋类型和位置。

低首付也可以加速购房进程，使购房者能够更快地实现自己的购房计划。这是因为，通过低首付购房，购房者可以更快地完成订购，从而可以更快速地进行物业交易、信用评估等流程，并最终买到心仪的房源，这些都会让购房者感到更加舒适和轻松。

总之，我们应该根据自身实际情况和对市场的了解程度，合理、合法、合规地选择投资方式，并合理制定资金计划和投资方案。我们应该学习更多的金融知识、不断提升金融能力，以更加有效地管理自己的资金和投资领域。

怎样找到最佳投资房产

投资房产可能是一项具有较高回报的投资，但同时也需要明智的决策和充分的了解，这样才能找到最佳的投资房产。

一、地理位置

地理位置是决定房产价值和市场前景的重要因素之一。需要关注房屋所在的区域是否是发展中心或者已经成熟的商业区。同时，还需要关注附近的基础设施，如学校、医院、商场等，这些因素都会对房产价值带来不同程度的影响。

位置要有有升值潜力：房产作为不可动的资产，所处位置对其使用和保值、增值起着决定性的作用。房产作为一种最实用的财产形式，即使买房的首要目的是居住，购买房产仍然还是一种较经济的、具有较高预期潜力的投资。房产能否升值，所在的区位是一个非常重要的因素。看一个区位的潜力不仅要看现状，还要看发展，如果购房者在一个区域各项市政、交通设施不完善的时候以低价位购房，待规划中的各项设施完善之后，房产大幅升值很有希望。区域环境的改善会提高房产的价值。

交通要便利：一个好的地理位置应该具有便捷的交通条件。这包括靠近公共交通（如地铁、公交和火车站）、主要道路和高速公路等。便利的交通条件将提高房产的吸引力，进而提升房产的价值和潜在租金收入。

生活配套设施要全：投资房产附近的生活设施也是影响其价值的重要因素。购物中心、超市、医院、餐馆等生活服务设施能够为居民提供便利的生活环境，从而提高房产的吸引力和价值。

丰富的教育资源：教育资源丰富的地区通常更受家庭和年轻人的欢迎。优质的学校、幼儿园和培训机构等教育设施可以吸引更多的租户和购房者，从而提高房产的价值和租金收益。

完善的绿化和休闲设施：绿化和休闲设施如公园、体育馆、游泳池等可以提高周边居民的生活品质。投资房产所在地区的绿化和休闲设施越丰富，房产的价值和吸引力也就越高。

二、房屋类型

不同类型的房屋如公寓、别墅、写字楼等有着不同的特点和投资价值。投资者需要了解每种类型的房屋的投资价值、租赁红利等情况，选择最适合自己的投资对象。

住宅房产：住宅房产通常被认为是相对稳定和低风险的投资。这类房产适合那些寻求稳定租金收益和长期增值潜力的投资者。在选择住宅房产时，要关注地理位置、交通便利程度、生活配套设施以及教育资源等因素。

商业地产：商业地产包括商铺、购物中心等，通常具有较高的租金收益和增值潜力。然而，这类房产的风险也相对较高，需要投资者具备一定的市场分析和经营能力。在选择商业地产时，要关注所在区域的商业发展趋势、人流量以及竞争情况。

写字楼：写字楼投资通常适合那些对房地产市场有较深入了解的投资者。这类房产的租金收益和增值潜力取决于所在区域的商务发展水平。在选择写字楼时，要关注所在区域的商务发展趋势、交通便利程度以及周边配套设施。

工业地产：工业地产包括工厂、仓库等，通常具有较高的租金收益，但投资风险也较大。这类房产适合具有一定行业经验和市场分析能力的投资者。在选择工业地产时，要关注所在区域的产业政策、基础设施建设以及环保要求等因素。

三、房屋价格

购买投资房产时，价格是一个重要的考虑因素。我们应该寻找性价比较高的房产，同时考虑到购房预算和贷款额度。在确定购房预算时，应该充分考虑房产的租金收益、房贷利率以及其他相关费用。

分析房产市场：在购买投资房产之前，要对当地房产市场进行深入了解。分析市场行情、房价走势和地区的发展潜力，以便找到性价比较高的房产。

购房预算：确定购房预算时，要考虑房产的租金收益、房贷利率以及其他相关费用，如物业管理费、税费等。确保购房预算在自己的承受范围内，以避免过度负债。

贷款额度：如果我们打算通过贷款购买投资房产，需要了解自己的贷款额度。通常，银行会根据您的信用记录、收入和负债情况来确定贷款额度。因此，在购房前，我们需要确保自己的信用记录良好，并在购房前尽量减少不必要的负债。

寻找性价比高的房产：在购买投资房产时，要寻找那些性价比较高的房产。这些房产通常具有较低的价格、较高的租金收益和较好的增值潜力。

考虑房产的折扣和优惠：购买投资房产时，可以关注开发商或中介提供的折扣和优惠政策。这些优惠可能会帮助您降低购房成本，提高投资回报率。

四、政策因素

在投资购房时，我们需要关注当地政府的房地产政策，了解购房限制、土地供应、房产税等方面的政策动态。这些政策可能会对房产的价值和投资收益产生重大影响，我们应该密切关注并作出相应的调整。

购房限制：在一些城市，政府为了控制房地产市场的过热，可能会实施购房限制政策，例如限购、限售等。我们在购买房产前，需要了解当地的购房限制政策，并评估这些政策对投资计划的影响。

土地供应：土地供应政策直接影响房地产市场的供应与需求关系。我们需要关注当地政府的土地供应计划，了解新的土地供应是否会对房产市场产生影响，从而影响房价和投资回报。

房产税：不同地区的房产税政策可能有所差异，这将影响房产投资的持有成本。我们在购买房产时，应了解当地的房产税政策，并评估这些政策对房产投资的影响。

优惠政策：有时政府会推出一些优惠政策，如减免税费、补贴等，以刺激房地产市场的发展。我们应关注这些优惠政策，了解是否有利于自己的房产投资计划。

宏观调控政策：政府可能会通过调整利率、房贷政策等手段来对房地产市场进行宏观调控。我们应关注这些政策变化，及时调整投资策略以适应市场变化。

总之，在投资房产过程中，我们应充分利用各种资源和途径，提高自己的投资能力和市场敏感度。在购房时，综合考虑房产的地理位置、价格、房产类型、政策等多方面因素，确保投资房产能够带来稳定的收益。同时，密切关注市场动态，不断调整和优化投资策略，降低投资风险。

不动产信托是一个不错的选择

近年来，随着中国不动产投资信托基金的发展，越来越多的投资者开始将目光投向了这一领域。不动产投资信托基金是一种集合投资方式，投资者可以通过购买基金份额来间接投资于不动产市场。

不动产投资信托基金（Real Estate Investment Trust，简称 REITs）是一种以发行收益凭证的方式汇集特定多数投资者的资金，由专门投资机构进行房地产投资经营管理，并将投资综合收益按比例分配给投资者的一种信托基金。不动产投资信托基金将不动产的直接物权转化为流动性较强的上市权益凭证，作为资产证券化产品，可以让资产"活"起来。不动产投资信托基金既可以封闭运行，也可以上市交易流通，类似于我国的开放式基金与封闭式基金。

不动产投资信托基金作为房地产企业一种创新的融资手段，首先产生于 20 世纪 60 年代的美国。20 世纪 60 年代后期，美国、日本等发达国家就已经形成了初步成熟的房地产证券化模式。进入 20 世纪 80 年代之后，房地产证券化得到了迅猛发展，英国、加拿大等其他国家和地区也先后开展了证券化业务。2003 年，房地产投资信托开始进入香港房地产市场运作，其资金管理采取外部管理方式。2005 年 6 月，香港颁布新规则允许房地产投资信托投资海外地产，并允许借款不超过持有房地产价值的 45%。美国不动产投资信托基金的设立主要由《证券投资法》和有关的税法决定。不动产投资信托基金像其他金融产品一样，必须符合美国 1933 年的《证券投资法》和各州的相关法律，而税法则规定了不动产投资信托基金能够享受税收优惠的一些主要条件，从而解释为什么了美国不动产投资信托基金在结构、组织、投资范围以及收益分配等方面的发展都会围绕着税法的变更而展开。2003 年 7 月，香港证券和期货事务监察委员会（香港证监会）颁布了《房地产投资信托基金守则》，对不动产投资信托基金的设立条件、组织结构、从业人员资格以及投资范围、利润分配等方面作出了明确的规定。香港在很大程度上借鉴了美国不动产投资信托基金的结构，以信托计划（或房地产公司）为投资实体，由房地产地产管理公司和信托管理人提供专业服务。

中国证监会和国家发改委在 2020 年 4 月 30 日联合发布《关于推进基础设施领域不动产投资信托基金（REITs）试点相关工作的通知》（证监发〔2020〕40 号），宣布将允许发行以盈利的基础设施项目为支撑的不动产投资信托基金（REITs），可在二级市场公开交易。随着 2021 年 6 月 21 日首批 9 个试点不动产投资信托基金项目上市挂牌交易，中国也正式成为全球第 41 个拥有公募不动产投资信托基金的国家。

不动产投资信托基金投资于广泛的房地产物业类型，包括办公室、公寓楼、仓库、零售中心、医疗设施、数据中心、手机信号塔、基础设施和酒店等。大多数不动产投资信托基金专注于特定的一个项目，但有些不动产投资信托基金在其投资组合中拥有多个类型的房地产。

根据不同的分类方式，不动产信托可以分为以下几种：

一、按组织结构分类：

不动产投资信托基金的组织结构一般采用公司型或契约型。公司型不动产投资信托基金指具有法人资格的不动产投资信托基金公司直接对不动产进行投资，实行内部管理模式，购买并自行运营不动产；契约型不动产投资信托基金指基金公司发行基金或信托份额募集资金，进而投资到不动产中，实施外部管理模式，委托其他机构代为运营项目。我国不动产投资信托基金产品采用"公募基金+ABS"的模式，通过多层代理参与到实体不动产业务中。

二、按收益属性分类

按照收益属性进行划分，美国通常将不动产投资信托基金产品分为权益型、质押型和混合型。

三、按底层资产法律属性分类

按照底层资产的法律属性进行划分，国内可将不动产投资信托基金分为产权型和特许经营权型。

此外，不动产投资信托基金具有其他投资产品所不具有的独特优势：

一、流动性好

不动产投资信托基金投资的流动性很好，投资者很容易将持有的不动产投资信托基金股份转换为现金，因为不动产投资信托基金股份可在主要的证券交易所交易，这就使得买卖房地产投资信托基金的资产或股份比在市场上买卖房地产更容易。

二、收益相对稳定

不动产投资信托基金将大部分资金用于购买并持有能产生稳定现金流的物业资产，如写字楼、商业零售、酒店、公寓、工业地产等。长期收益由其所投资的房地产价值决定，有相对较低的波动性和在通货膨胀时期所具有的保值功能。

三、税收中性：不会因不动产投资信托基金本身的结构带来新的税收负担，某些地区给予不动产投资信托基金产品一定的税收优惠；无最低投资资金要求。

四、收益分配：不动产投资信托基金一般将绝大部分收益（通常为 90% 以上）分配给投资者，长期回报率高，与股市、债市的相关性较低。

五、低杠杆：同房地产上市公司一样，不动产投资信托基金同样是杠杆经营，但杠杆较为适中，美国的权益型不动产投资信托基金资产负债率长期低于 55%。

六、完善的公司治理结构：公开交易的不动产投资信托基金，大多为主动管理型公司，积极参与物业的经营全过程；同时，和上市公司一样拥有完整的公司治理结构；上市交易的不动产投资信托基金经营情况受独立董事、分析师、审计师、商业和金融媒体的直接监督。

总的来说，不动产投资信托基金是一种具备稳健收益和高度流动性的投资工具，对于那些寻求稳健投资回报的投资者来说，是一种非常理想的投资选择。

第 5 章

一条疯狂的赛道——股票投资

股票投资是一种常见的投资方式，很多人看到别人投资股票赚钱，也想尝试一下。但是，投资股票是存在着一定风险的。股票市场就像是一个巨大的赛车场，充满了速度和激情。许多人梦想着在这个赛车场上赢得胜利，但他们却忽视了自己的"驾驶技术"。

IPO：一个股权变现的场景

首次公开募股简称 IPO（Initial Public Offering），是指一家企业第一次将它的股份向公众出售。

简单说，IPO 上市就是指企业首次公开发行股票并上市交易。这是企业迈向资本市场、吸引投资者、增加融资渠道的重要一步，也是企业扩大规模和提升影响力的重要途径。

IPO 上市需要企业满足一定条件，例如，公司必须符合法律法规和监管要求，具有稳定的盈利能力和良好的财务状况，以及公司治理结构完善、内部控制有效等。

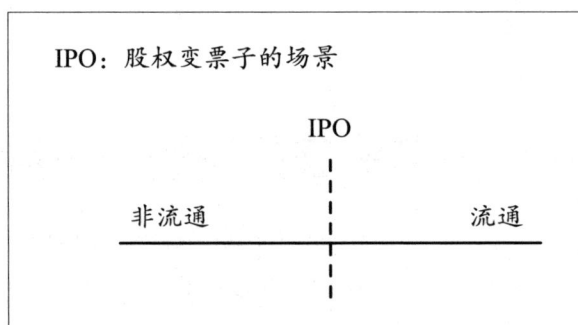

图 5-1　IPO 上市

IPO 上市需要经历一系列的过程，包括申请、审核、发行、上市等。在这个过程中，企业需要向证券监管机构提交申请材料，并接受监管机构的检查和审核。如果审核通过，企业将获得发行股票的资格，并选择合适的时机进行发行。发行完成后，企业将在证券交易所上市交易，公众可以通过证券市场购买该企业的股票。

在询价机制下，新股发行价格并不事先确定，而在固定价格方式下，主承销商根据估值结果及对投资者需求的预期，直接确定一个发行价格。固定价格方式相对简单，但效率较低。过去中国一直采用固定价格发行方式，2004年12月7日证监会推出了新股询价机制，迈出了市场化的关键一步。

发行方式确定以后，进入了正式发行阶段，此时如果有效认购数量超过了拟发行数量，即为超额认购，超额认购倍数越高，说明投资者的需求越为强烈。在超额认购的情况下，主承销商可能会拥有分配股份的权利，即配售权，也可能没有，依照交易所规则而定。通过行使配售权，发行人可以达到理想的股权结构。在我国，主承销商不具备配售股份的权利，必须按照认购比例配售。

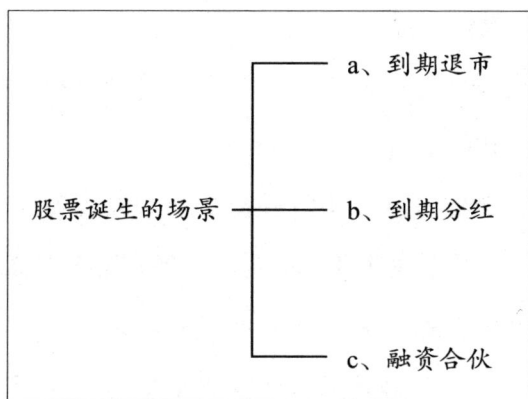

图5-2　股票诞生场景

当出现超额认购时，主承销商还可以使用"超额配售选择权"

（又称"绿鞋"）增加发行数量。"超额配售选择权"是指发行人赋予主承销商的一项选择权，获此授权的主承销商可以在股票上市后的一定期限内按同一发行价格超额发售一定比例的股份，在此期间，如果市价低于发行价，主承销商直接从市场购入这部分股票分配给提出申购的投资者，如果市价高于发行价，则直接由发行人增发。这样可以在股票上市后一定期间内保持股价的相对稳定，同时有利于承销商抵御发行风险。

通过 IPO 上市，企业可以从公众募集资金，不仅提供了与银行贷款等传统融资方式不同的多元化选择，还能够为企业未来的扩张提供更大的资金支持。

上市融资不仅可以让企业获得更稳定的长期资金来源，还能进一步扩充资本增强实力，让公司的综合竞争力直线上升，实现质的飞跃。此外，上市还可以充分利用资本市场的更广阔平台，为原始股东带来巨大的投资回报。

因此，公司 IPO 上市是一种非常正面的价值和力量，这也是每个企业想要快速 IPO 上市的根源所在。

上市可以为企业打造直接的融资平台，也成为企业突破发展瓶颈、获得飞速发展的有效途径，对企业发展有重要意义。

首先，从短期意义看，IPO 为公司带来股本金的一次性大额增加。在这个短期之内，企业公开发行所获股本金为长期资本性资金。随着股本金的增加，公司会通过银行等途径进行较大的贷款融资，而企业的融资能力也会大大增强。换句话说，企业 IPO 上市之后，公司利用财务杠杆的能力也会大大提升。

其次，从中期意义看，公司上市之后未来的 3~5 年内，上市的意义主要集中在可以利用公司上市之后获得的资本市场的广阔融资平台，通过配股、增发、转债、分离交易债、公司债等多种融资方式，快速高效地拿到公司发展所需要的资金。这样也能在更大程度上来调整公司的股权结构。

最后，从远期意义看，公司上市 5 年之后，能够有一个持续稳定的融资平台和渠道，拥有认股权证等丰富的融资手段，还可以资产证券化，实现杠杆融资等多种平台的快速转换。

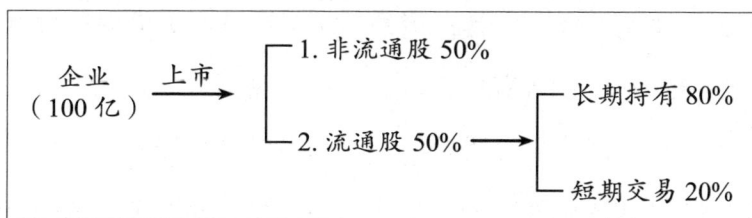

图 5-3　企业财富通道

因此，上市最大的好处和意义就是让企业建立长期、稳定的融资渠道和平台，企业还可以根据自身的需要，从资本市场不断融资，实现更多跨越式的发展。

决定股票价格的三要素

价格很重要，因为所有的投资最终落地都是低价买高价卖，获得捕捉价格的预期走势而完成的。

股票价格，是指股票在证券市场上买卖时的价格。股票本身没有价值，仅是一种凭证，其作用是用来证明持有人的财产权利，而不像普通商品一样包含有使用价值，所以股票自身并没有价值，也不可能有价格。但当持有股票后，股东不但可参加股东大会，对股份公司的经营决策施加影响，且还能享受分红和派息的权利，获得相应的经济利益，所以股票又是一种虚拟资本，它可以作为一种特殊的商品进入市场流通转让。

股票的价值包括面值、净值、清算价值、市场价值和内在价值等五种。在股票市场中，股民是根据股票的市场价值（股票行市）的高低变化来分析判断和确定股票价格的，所以我们通常所说的股票价格也就是股票的市场价值。

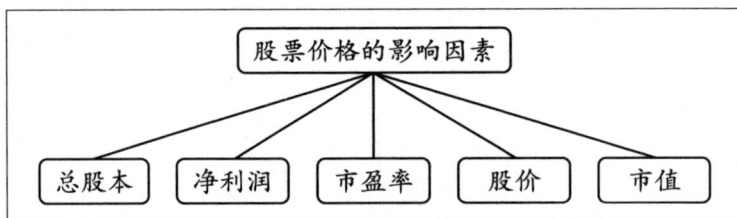

图 5-4 股票价格的影响因素

```
            股票价格的影响因素
   ┌──────┬──────┬──────┬──────┬──────┐
 总股本   净利润   市盈率    股价     市值
```

图 5-4　股票价格的影响因素

股票的市场价值，又称股票的市值，是指股票在交易过程中交易双方达成的成交价。股票的市值直接反映着股票市场行情，是股民买卖股票的依据。由于受众多因素的影响，股票的市场价值处于经常性的变化之中。

宏观经济的增长水平对股票价格有着重要影响。当经济增长强劲时，公司的盈利能力通常会提高，投资者对股票的需求增加，从而推动股票价格上涨。相反，经济衰退或低增长可能导致公司盈利下降，投资者对股票的需求减少，股票价格下跌。利率也是影响股票价格的重要因素之一。一般来说，低利率环境可以降低公司的借贷成本，刺激投资和消费，对股票价格有利。相反，高利率环境可能抑制投资和消费，对股票价格不利。

上市公司是发行股票筹集资金的运营者，也是资金使用的投资收益的实现者，因而其经营状况的好坏对股票价格的影响极大。而其经营管理水平、科技开发能力、产业内的竞争实力与竞争地位、财务状况等无不关系着其运营状况，因而从各个不同的方面影响着股票的市场价格。所以在股市上，股票的价格与上市公司的经营业绩呈正相关关系，业绩愈好，股票的价格就愈高；业绩差，股票的价格就要相应低一些。

从理论上来讲，经营业绩对股价的影响通常用两个公式来表达，一个是股价的静态计算公式，另一个是动态计算公式，静态的计算公式如下：

P=L/i

其中 P 是股票的价格，L 是每股股票的税后利润、i 是股民进行其他投资时可取得的平均投资利润率，一般用储蓄利率代替，因为储蓄是当前股民所能从事的最普通和最便利的投资方式。

这个公式的意义是，当股民从事其他投资每元可获得收益 i 时，若在投资股票时要取得收益 L，股民所必须支付的资金量就为 P，此时，投资股票的收益就与其他投资相等。

在上式中，股票的价格与经营业绩成正比、与其他投资的平均利润率成反比。如果上市公司的经营业绩提高或储蓄的利率降低，都将会导致股票的价格上升。

除上述影响因素外，决定股票价格的三大要素是投机资本、心理预期和买卖均衡。

一、投机资本

投机资本是一种投资高风险资产来取得高回报的资本。投机资本以短期获利为目标，被用于投资股票、债券、外汇等金融工具，而不是用于长期投资。资本是逐利的，哪有机会，资本就会涌向哪里。资本逐利的特性是建立在实际盈余的基础上，也就是起码得超过通货膨胀才对资本具有吸引力，所以资本主要集中在股市和债市。

投机资本一般具备较高的资金量，相对于散户投资者而言，投机资本的投入规模更加庞大，而且它们的交易行为通常具有一定的引导效应。

首先，投机资本的买入或卖出行为会直接影响股价的上涨或下跌。当投机资本集中买入某只股票时，其需求的增加会导致该股票供求关系发生变化，进而推动股价上涨。相反，如果投机资本集中卖出某只股票，供大于求的情况下，股价将会下跌。

其次，投机资本的进出还会引发市场情绪的波动。当市场出现大资金买入的情况时，会引发投资者的买入热情，从而带动更多的资金进入市场，形成良性循环。这种市场情绪的波动会给股市带来一定的推动力，使得股价上涨的动力更加强劲。相反，当投机资本集中卖出时，会引发投资者的恐慌情绪，从而加剧市场的下跌压力，导致股价的下跌幅度加大。

二、心理预期

心理预期是指股民对未来股价走势以及各种影响股价因素变化的预期。在股市低迷时，股价已跌至相当低的水平，大部分都跌至每股净资产以内，但绝大多数股民都无动于衷，持谨慎观望态度，致使股价进一步下跌。而一旦行情翻转，股民在心理预期的作用下，却愿以较高的价格竞相买入股票，果然促使股价一路上扬。相反，在股价的顶部区域，股民都不愿出售，等待股价的进一步上涨，而当股价开始下跌时，又认为股价的下跌空间很大，便纷纷加入抛售队伍。

由于股民对股价的未来走势过于乐观，就可能将股价抬高到空中楼阁的水平，比如将股价抬高到平均净资产的 3 倍甚至 5 倍的水平，使股价明显脱离其内在价值。

股民的心理预期还受到重要消息和事件的影响。例如，公司发布重大利好消息（如高盈利预期、合并收购、新产品发布等）可能引发市场的乐观情绪，推动股票价格上涨。相反，公司发布重大利空消息（如盈利警告、法律诉讼、管理层变动等）可能引发市场的悲观情绪，导致股票价格下跌。

三、买卖均衡

在股票交易中，股本是公司股份的总量。公司发行的每一股股票都代表着公司的一小部分所有权，而股票价格的波动则反映了市场对这些股票的需求和供应关系，当资本市场中的投资者信心不足、资金汇集不足时，企业通过发行股票来获取资金的难度会增加，这时股票的供应量就会减少，导致股票价格上涨。反之，资本市场中的气氛热烈、投资者信心充足时，企业发行股票的热情就会增加，股票供应量就会增多，导致股票价格下跌。

另外，资本市场的整体投资风险会影响股票价格的波动程度。当资本市场整体投资风险较低时，投资者对股票的需求量就会增加，从而导致股票价格的波动程度扩大；反之，当资本市场整体投资风险较高时，投资者对股票的需求量则会减少，股票价格的波动程度也会相应缩小。总之，当市场需求大于供应时，股票价格将上涨；反之亦然。

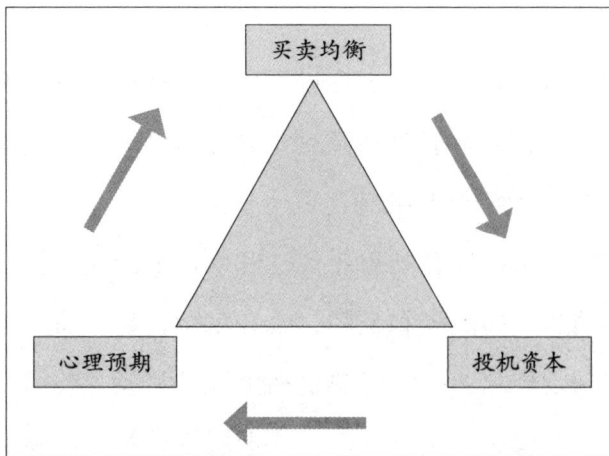

图 5-5　价格三要素

如图 5-5 所示，投资性资本、心理预期、买卖均衡组成了一个三角形，如果有投机资本流入，股民的心理预期就会发生改变，大家发现有大资金流入，认为大盘会上涨，买方量变大，买卖均衡被打破。如果持续这样顺向的循环，资金池就会不断地有增量货币的注入，然后市场就会疯狂地往上拉，它是个正向循环。下跌也是同样的道理，如果有大资金流出了，大家的购买预期减弱了，认为股票未来会下跌，然后买卖会失衡，卖方量变大，持续循环影响，导致市场发生螺旋式的下跌，所以，这三个因素对于我们掌握某一种产品的趋势非常重要。

我们以房产市场为例，假设有 6 人是潜在购房客户，有 10 人是准备出售房屋的房东，大家的心理预期是未来房价会上涨。当房东认为房价会上涨时，可能只有 3 人报价 5 万块一平米，也有可能 3 人报价 5 万 2 千元一平米，由于心理预期是上涨的，其他 4 人看到有人报价 5 万 2 千元一平米了，他们就可能报价 5 万 4 千元一平米，甚至 5 万 5 千元一平米。对于买房人来说，虽然潜在购房者少，但是他们一直从低价格开始往高价格买。当有人把 5 万一平米的房子买走了的时候，就会有人买 5 万 2 千元一平米的了，其他人会继续买 5 万 4 千元一平米，甚至 5 万 5 千元一平米的房子了，所以导致房价不断上涨。

下面，结合一些价格走势图来详细分析一下：

```
                    分析一：①买卖均衡、心理预期稳定
                          ②买方 10 万股、卖方 10 万股
  股价        预期值
            ⋯⋯10.4
            ⋯⋯10.3
            ⋯⋯10.2 2 万股
            ⋯⋯10.1 2 万股
  成交价 ─────── 10 元 3 万股 ⋯⋯（10 万股）
            ⋯⋯9.9 2 万股（心理价位）
            ⋯⋯9.8 2 万股（心理价位）
            ⋯⋯9.7
            ⋯⋯9.6
```

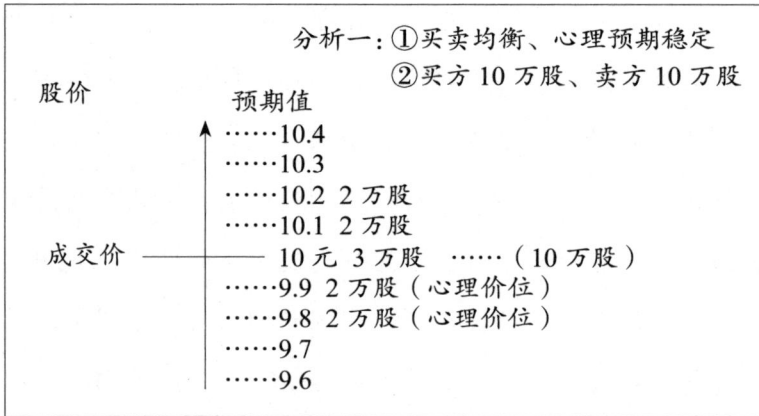

图 5-6 　买卖均衡心理预期图（一）

如图 5-6 所示，在买卖均衡，心理预期稳定的情况下，假设买方持有 10 万股，卖方持有 10 万股，可能在市场形成一个这样的价格布局。在这个图形中，10 元是一个价格点，这时候就会有买盘 3 万股卖盘 3 万股，买盘再加 3 股，卖盘再加 3 万股的情况出现，大家集中在这个价格点成交。但是，也有人认为未来价格会涨，也有人认为会跌。如果你认为未来股票会涨，你是卖盘人，那么你的股票可能就在 10.10 元挂单 2 万股，也可能在 10.20 元挂单 2 万股。假如你认为股票会跌，你是卖方认为股票会跌，那么你会有一个心理预期，假如价格跌到 9 块 9 我就会卖，或者跌到 9 块 8 我就会卖，这样，你就会在 9.90 元挂单 2 万股，也可能在 9.80 元挂单 2 万股。所以，在 10 元这个价格点上有 3 到 6 万股在这儿成交，但是可能上下各有 4 万股在挂单，这也叫买卖均衡。

分析二：①买卖不均衡、心理预期稳定
②买方 10 万股、卖方 6 万股

股价
　　　　　预期值
　　　　　┊……10.4
　　　　　┊……10.3
　　　　　┊……10.2 2 万股
　　　　　┊……10.1 2 万股
成交价 ──────10 元 2 万股……（6 万股）
　　　　　┊……9.9 2 万股（心理价位）
　　　　　┊……9.8
　　　　　┊……9.7
　　　　　┊……9.6

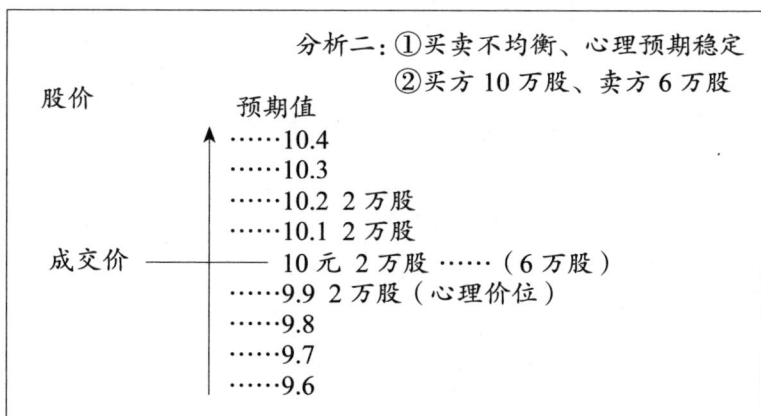

图 5-7　买卖不均衡心理预期图（一）

如图 5-7 所示，买卖不均衡，而心理预期稳定，就是买方人多，卖方人少。如果卖方人的心理预期是稳定的，可能在股票 10 元的时候卖掉 2 万股，或者在股票 10.10 元的时候挂单卖掉 2 万股，也可能在股票 9.90 元的时候止损卖掉 2 万股，这就是卖方的一个挂单思维。对于买方来说，如果在 10 元的时候买入 2 万股，然后价格一下就涨到 10.10 元了，如果买盘量持续增加，而卖方还是在 6 万股，那么它的价格就在往上了。所以，当大家心理预期是稳定的，没有恶意的刺激，但是突然买方量变大，卖方量，这个卖方变少，买卖均衡被打破，所以股票的价格一定会出现上涨预期。

分析三：①买卖不均衡、心理预期稳定
②买方 6 万股、卖方 10 万股

股价

预期值

·······10.4
·······10.3
·······10.2 2 万股
·······10.1 2 万股
成交价 ───── 10 元 3 万股 ·······（10 万股）
·······9.9 2 万股（心理价位）
·······9.8 2 万股（心理价位）
·······9.7
·······9.6

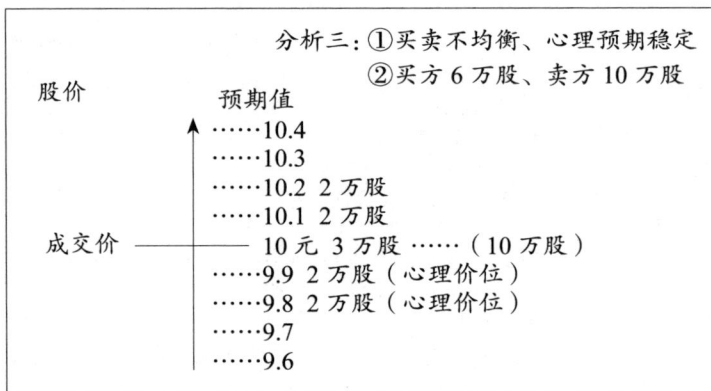

图 5-8　买卖不均衡心理预期图（二）

如图 5-8 所示，心理预期是稳定的，买卖不均衡，买方的少，卖方的多，对于卖方来说心理预期稳定，它的布局就是可能是上边挂单 4 万股，下边挂单 4 万股，中间挂单 3 万股。对于买方来说，一般不会一次性购买，购买的周期会拉得很长，所以这时候可能在 10 元的时候有 3 万股慢慢成交。当成交完买完以后，可能价格上涨到 10.10 元，但买方力量突然减弱，价格就要开始下跌，可能跌到 9.90 元又开始加强，所以股票价格在这个区间可能发生一个大幅的波动。

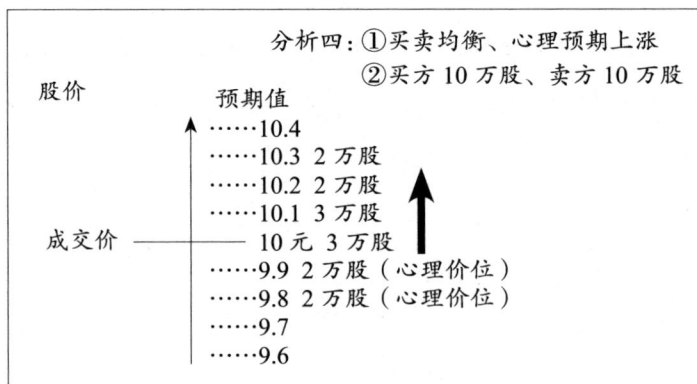

分析四：①买卖均衡、心理预期上涨
②买方 10 万股、卖方 10 万股

股价

预期值

·······10.4
·······10.3 2 万股
·······10.2 2 万股
·······10.1 3 万股
成交价 ───── 10 元 3 万股
·······9.9 2 万股（心理价位）
·······9.8 2 万股（心理价位）
·······9.7
·······9.6

图 5-9　买卖均衡心理预期图（二）

如图 5-9 所示，买卖均衡，心理预期上涨，受到心理预期的影响，卖方会把价格上移，可能在 10 元的时候挂单 3 万股，10.10 元的时候挂单 3 万股，10.20 元的时候挂单 2 万股，10.30 元的时候挂单 2 万股。

所以，一旦心理预期认为价格会上涨，卖方就把原有的价格体系迅速调高。对于买方来说，就是一直由低价格到高价格往上买，导致越买价格越高。

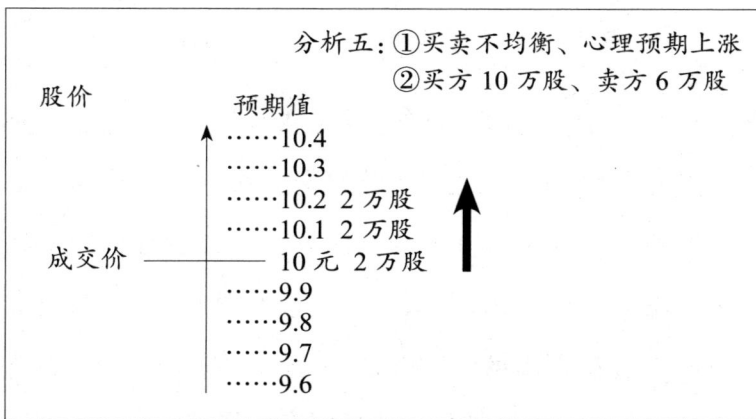

分析五：①买卖不均衡、心理预期上涨
②买方 10 万股、卖方 6 万股

股价　　　预期值
　　　　……10.4
　　　　……10.3
　　　　……10.2　2 万股
　　　　……10.1　2 万股
成交价　　 10 元　2 万股
　　　　……9.9
　　　　……9.8
　　　　……9.7
　　　　……9.6

图 5-10　买卖不均衡心理预期图（三）

如图 5-10 所示，心理预期上涨是这支股票价格上涨的主要动因，买方多卖方少，心理预期是上涨的，价格会涨得更快。

分析六：①买卖不均衡、心理预期上涨
　　　　　②买方 6 万股、卖方 10 万股

股价　　　　　预期值
　　　　　……10.4
　　　　　……10.3 2 万股 ……（5 万股）
　　　　　……10.2 2 万股 ……（5 万股）
　　　　　……10.1 3 万股
成交价 ———— 10 元 3 万股
　　　　　……9.9
　　　　　……9.8
　　　　　……9.7
　　　　　……9.6

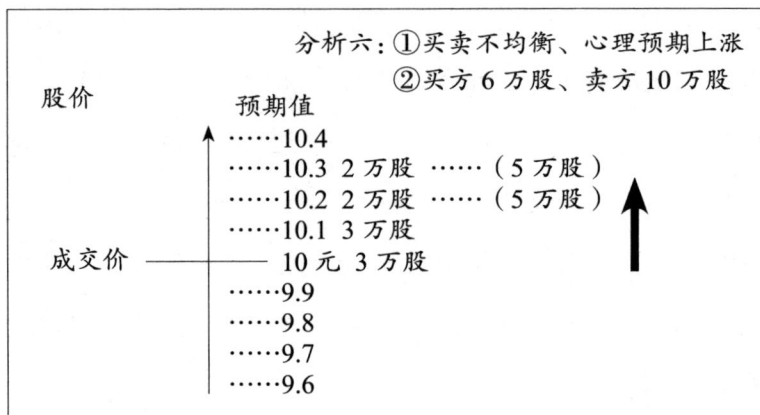

图 5-11　买卖不均衡心理预期图（四）

如图 5-11 所示，买卖不均衡，买的人少，卖的人多，心理预期上涨。当卖方有 10 万股，他认为价格会上涨，可能就会在 10 元的时候卖 3 万股，10.10 元卖 3 万股，10.20 元卖 2 万股，10.30 元卖 2 万股。买方还是由低价往高价买入，价格不断上涨。当价格上涨到 10.20 元时，卖方的抛出量会持续加大，但买方并没有及时买入，导致它会在某一个点位上会加量，这样卖盘的量突然变大，但是价格没有往上拉，这个点位就叫做拐点。拐点的出现，一般都是在大家认为价格会继续上涨，但是某一个点位成交量突然变大的时候。

分析七：①买卖均衡、心理预期下跌
　　　　②买方 10 万股、卖方 10 万股

股价

预期值

······10.4
······10.3
······10.2
······10.1
10 元 3 万股
······9.9 2 万股（心理价位）
······9.8 2 万股（心理价位）
······9.7 2 万股（心理价位）
······9.6

成交价

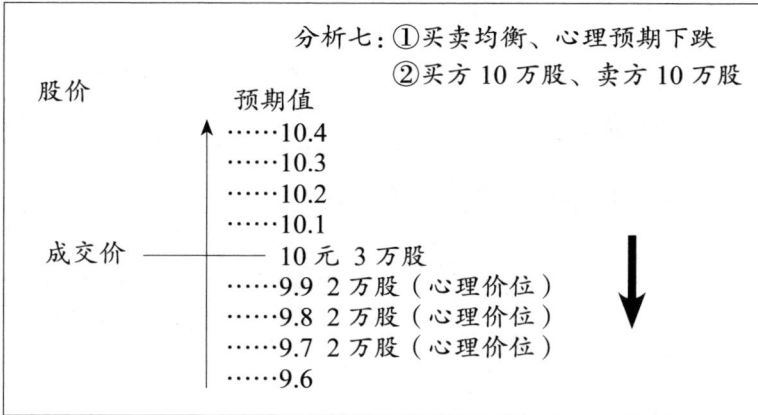

图 5-12　买卖均衡心理预期图（三）

如图 5-12 所示，买卖均衡，心理预期下跌。假如你认为股价下跌，你会设止损价。假如心理价位是 10 元卖 3 万股，9.90 元卖 2 万股，9.80 元卖 2 万股，9.70 元卖 2 万股。由于心理预期价格是下跌的，买方不着急买入，导致实际成交量急剧萎缩。成交量萎缩，卖方的心理价位就会继续下移，导致实际成交价格继续下跌。

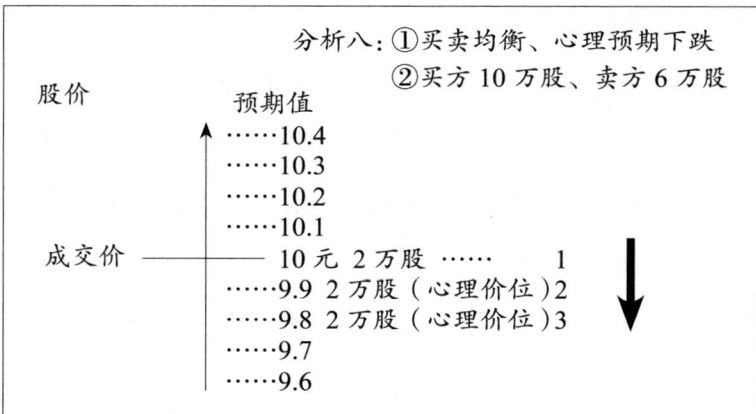

分析八：①买卖均衡、心理预期下跌
　　　　②买方 10 万股、卖方 6 万股

股价

预期值

······10.4
······10.3
······10.2
······10.1
10 元 2 万股 ······　　1
······9.9 2 万股（心理价位）2
······9.8 2 万股（心理价位）3
······9.7
······9.6

成交价

图 5-13　买卖均衡心理预期图（四）

133

　　如图 5-13 所示，买卖均衡，心理预期下跌。这个时候，买卖双方拼的是决策的时间周期。假如卖方想在一天内卖掉 2 万股，而买方却想在 10 天没买入 1 万股，这样成交周期就会被拉长，价格就会持续下跌，因为实际成交量比挂单量少。

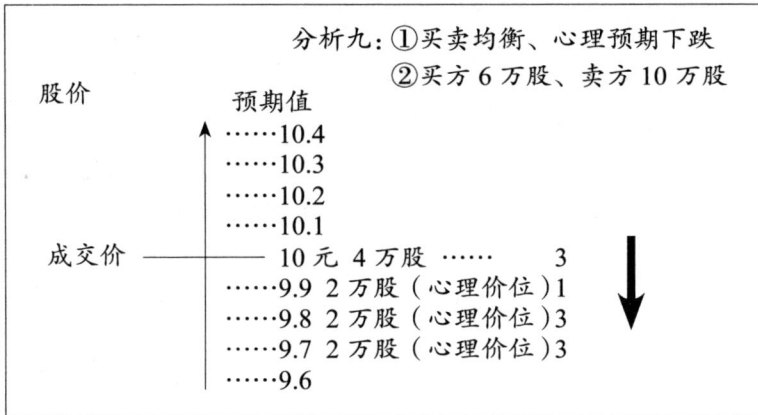

```
                    分析九：①买卖均衡、心理预期下跌
                         ②买方 6 万股、卖方 10 万股
股价
            预期值
             ……10.4
          ↑  ……10.3
             ……10.2
             ……10.1
成交价 ———— 10 元  4 万股 ……      3      ↓
             ……9.9  2 万股（心理价位）1
             ……9.8  2 万股（心理价位）3
             ……9.7  2 万股（心理价位）3
             ……9.6
```

图 5-14　买卖均衡心理预期图（五）

　　如图 5-14 所示，买卖均衡，心理预期下跌。买方人少，卖方人多，再加上整体的心理预期是下跌的，导致股票价格会持续下跌。

　　股票价格波动受多种因素的影响，我们应该关注这些因素，并在投资决策中综合考虑它们。理解股票价格波动的驱动因素有助于我们更好地把握市场的机会和风险，并做出明智的投资决策。同时，我们也应该保持冷静和理性，避免情绪驱动的交易行为，注重长期投资策略和基本面分析。

看"大势"是股票投资的关键

股票市场波动不定，时而疯涨，时而暴跌，对于我们投资者来说，抓住最佳的买卖时机至关重要。而在这个过程中，了解并把握大势的走向是至关重要的。能辨别大势，知大势，才能做到顺势而为，势是战略。知大势，才能不被眼前的波动影响；知大势，才能不被市场中各类杂音干扰。知大势，抓关键点，你已经赢在起跑线上了。

所谓大势，就是森林中树木构成的一个整体。每棵树都有自己独特的生命力，但如果只看某一棵树，就无法准确把握整个森林的变化。同样地，每只股票也有自己独特的表现和价值，但如果只注重某只股票，就无法把握整个市场的变化。因此，通过大势分析可以把握整个市场走势，而不是单纯地关注某个个股。

首先，我们可以通过技术分析来观察大势的走向。技术分析的方法有很多，常用的包括趋势线分析、均线系统、形态学分析等。通过这些方法，投资者可以从价格走势、成交量等方面，抽丝剥茧，找出大势的走向。

此外，除了技术分析，基本面分析也是认识大势的重要手段之一。基本面分析主要是通过公司的财务数据和宏观经济数据来评估公司的价值和市场走势。例如，通过分析一家公司的财务报表，可以了解公司的营收、盈利和负债等情况。同时，还可以关注宏观经济数据，了解整个经济环境的变化，例如 GDP 增长率、CPI 等。基本面分析可以帮助投资者了解一个公司的真实价值，从而判断其股价是否被高估或低估。

除了基本面和技术面分析外，还可以通过一些其他方法来把握大势。例如，关注政策变化、社会热点事件、市场氛围等。这些因素都有可能影响到整个市场的走势，以及某些特定行业或公司的表现。

需要注意的是，大势分析不是预测市场的具体走向，而是关注整个市场的走势，了解市场的宏观动态。

了解了大势后，我们需要进一步思考如何抓住最佳的买卖时机。在此过程中，以下几点是需要注意的：

一、遵循趋势交易原则

趋势是股票市场最基本的规律之一，追求趋势是抓住最佳买卖时机的关键。当市场出现明显的上升趋势时，应逢低买入；相反，当市场出现明显的下降趋势时，应适时卖出。

二、密切关注市场情绪

市场情绪常常会影响股票价格的波动，尤其是在重大利好或利空消息发布后。在市场情绪高涨时，投资者多数情况下会倾向于买入，导致股价上涨；而市场情绪低迷时，则会有较多人选择卖出，使股价下跌。因此，了解市场情绪的变化，可以为我们提供买卖时机的判断依据。

三、设置止盈和止损位

在进行股票交易时，设置合理的止盈和止损位非常重要。止盈位可以帮助我们在股票上涨达到一定幅度后及时获利离场；止损位可以帮助我们在股票下跌到一定程度后及时止损，有效控制风险。

四、不盲目追涨杀跌

市场中常常有一些投资者盲目追涨杀跌，其实这种行为往往是极不明智的。股票的涨跌是有周期性的，过多追涨或者杀跌，容易错过最佳买卖时机。因此，我们要以冷静的心态对待市场，避免过度冲动的行为。

通过认识大势、遵循趋势、密切关注市场情绪以及设置止盈止损，我们可以在投资中更有把握。股市中盈利的方法很多，短线、波段、中长线、打板等，每一种方法都有盈利的人。但是你会发现，每个人擅长的领域都不一样，且无法复制。就算这些人告诉你怎么做，你也不一定能赚到钱。我们要做的不是复制别人的方法，而是吸收别人的长处结合自己的长处，建立自己的交易模式，在自己的规则里重复。

股市是动态交易，我们炒股也必须动态。不要认为有哪一种盈利方式可以一直复制，在股市中，想要实现长期盈利，每天都要不停更新自己的认知，不断迭代自己。

术业需专攻，大道在修为。只有在自己的头脑里淀积足够的专业知识与进行长期刻苦的专业训练，才能积累丰富的交易成败经验，才会自然地形成"悟道"境界的职业潜意识本能行为，从而步入"自由自在"的自由殿堂并积聚足够的自由财富，了解市场，看清市场操作轨迹！

股票本来也是有其内在价值的，但由于未来的不确定性，外界的政策调整、时局变迁等市场外在环境甚至能够在人们心中衍生出种种猜测、幻想和期盼，这些群体心理和市场思潮的波动在不断地、周期性地构造着市场的涨跌变化。于是，我们看到的是变幻莫测的证券市场。

只有趋势，才是交易获利的核心机密，所有的赢家都是靠趋势吃饭的，这就是交易的真相或本质。哪里有大级别的趋势，就把资金分配到哪里去；哪个市场长期处于横盘状态，就离开哪个市场。

在交易中，我们要明白一个道理，那就是投资者是从属于市场，而不是凌驾于市场，我们要做的是适应和顺从市场，而不是企图改变市场。那些妄想挑衅市场规则的人，终归还是要被规则制裁。那些在交易中不顺从行情趋势，一意孤行最后被爆仓的人，那是因为他们内心深处还在期盼市场会按他的意志发生转移，而忽略了市场的权威。

市场不理性的时间常常要比你破产需要的时间长，股票市场是一个具有很强不确定性的逻辑市场。每一个投资者的行为都在或多或少影响着行情走向，永远不要试图让行情按你的意志波动，一念天堂，一念地狱，任何不敬畏市场的行为无疑都是"走钢丝"。只有尊重市场、敬畏市场，才能在市场中活得更长久。

市场中亏损的原因千奇百怪，而能实现稳定盈利的人都有一个特点，就是心态好。稳不住心态的人，就算抓住一只牛股，也不一定能吃上大肉。你会发现，当市场中大多数人绝望时，反而就是行情走好的时候。在操作时记住不急躁、不恐惧、不侥幸、多思考。

做任何一件事情，都需要一些时间让它自然成熟，假如过于急躁、没有耐心而又不甘心等待的话，就会"欲速则不达"，甚至常常会遭受破坏性的阻碍。

成功的投资者具有同样的特点，他决不会为炒股而炒股，他耐心地等待合适的时机，索罗斯就将自己成功的秘诀归于"惊人的耐心"，归于"耐心地等待时机，耐心地等待外部环境的改变完全反映在价格的变动之上"。

遗憾的是，"交易要具有耐心"，这谁都明白、听起来很简单的道理做起来却不容易，这是因为，它和人性中的某些本能因素是相背离的：真正长时期地理性地交易是如此的"单调无味"，出于赌性的本能，新手们就喜欢不顾市场外在条件在市场跳来跳去寻找刺激。

交易的过程是一个博弈的过程，长远而言，对博弈结果影响最大的不是资金大小、不是消息的多少甚至不是技术的高低，而是在确知自己心性特征前提下对群体心理的感悟、顺应和利用。

埃德·理费弗也说过："纽约股市和战场一样，变换的只是武器，战略却是永恒的"；他还说："作为交易员，需要你可能称之为本能的冲动，在别人充满希望的地方你该害怕，在别人害怕的地方你该充满希望"。

市场交易本质上是自己与自己的较量，而不是自己与别人、自己与市场的较量。要么来源于情感，要么受制于欲望，无论善恶，人们其实都是靠"愿力"在生活着：母亲期盼儿子的成长、商人期盼财源的广进、农夫期盼作物的丰收、军人期盼战斗的胜利……

股票投资是一场修行。每个人都有自己的路要走。你选择走正路还是歪路，走直路还是弯路，说到底还是由你自己决定。但不管怎么样，只要你愿意坚持走下去，同时每隔一段时间回过头去看一看以前走过的路，你就能持续不断地提升自己。当然更好的办法是善于学习借鉴别人的经验教训，不断矫正自己的走路姿态，你将会更快地走向成功的彼岸！

谚语云："看大势者赚大钱"，先哲说："取智不如取势"，更有古训"识时务者为俊杰"。对于市场交易，我们不要以一时的得失而定结局，更不要以为单凭自己一颗求成之心就能成事，要善于等待时机，更要善于识别和顺应市场大趋势。

海龟交易策略

海龟交易法则，是由美国投机家理查德·丹尼斯发明，以跟随市场趋势为核心的一种投资策略。丹尼斯认为，交易员并非天生的，是可以后天培养的。1983 年，他在 1000 个报名者中甄选了 13 个"海龟"，并用 2 周的时间教授他们交易理念和法则，在随后的四年中，海龟们凭借这些交易法则取得了年均 80% 的收益。这在当时产生了极大的反响，也证明了：成功的交易者是可以通过训练和学习培养的。

海龟交易法则的基本思想是，通过建立一个完整的交易系统，包括市场选择、头寸规模、进出场规则、风险控制等方面的规则来进行交易。这种交易策略的核心在于，通过严格执行交易规则，顺应市场趋势，控制风险，从而实现长期稳定的盈利。

一、市场——买卖什么

海龟交易法则中的第一步是选择要交易的市场。如果你只在很少的几个市场中进行交易，你就大大减少了赶上趋势的机会。海龟交易员选择的市场通常是具有充足的流动性和波动性的期货市场，如商品期货、金融期货等。在选择市场时，海龟交易员会考虑市场的交易成本、波动性、流动性等因素。

二、头寸规模——买卖多少

海龟交易法则中的第二步是确定头寸规模。海龟交易员会根据市场波动性和头寸规模的关系，确定每个交易单位的头寸规模。头寸持有量与市场波动性成反比，即波动性强持有量少，波动性弱持有量多，并通过真实波动幅度（ATR）对持有量进行量化，目标是让一个 ATR 相当于账户净值的 1%。

头寸规模单位 = 账户净值的 1%/ 市场绝对波动幅度，市场绝对波动幅度 =ATR * 每个点数所代表的美元。每个点所代表的美元，在期货交易中指交易单位，如 10 吨 / 手，在股交易中一般 100 股 / 手。

买卖多少既影响多样化，又影响资金管理。多样化就是努力在诸多投资工具上分散风险，并且通过增加抓住成功交易的机会而增加赢利的机会。正确的多样化要求在多种不同的投资工具上进行类似的（如果不是同样的话）下注。资金管理实际上是通过不下注过多从而在良好的趋势到来之前就用完自己的资金来控制风险的。

买卖多少是交易中最重要的一个方面。大多数交易新手在单项交易中冒太大的风险，即使他们拥有其他方面有效的交易风格，这也大大增加了他们破产的风险。

三、入市——何时买卖

海龟交易法则中的第三步是制定进出场规则。海龟交易员会根据市场趋势和技术指标，制定出进出场的规则。其中，海龟交易员最常用的技术指标是移动平均线和相对强弱指标。在进场时，海龟交易员通常会等待价格突破一定的移动平均线或相对强弱指标的水平。在出场时，海龟交易员通常会设定一个固定的止损点，当市场价格达到止损点时，就会平仓。

四、止损——何时退出亏损的头寸

海龟交易法则中的第四步是风险控制。海龟交易员会根据头寸规模和市场波动性，设定一个固定的止损点，当市场价格达到止损点时，就会平仓。同时，海龟交易员会设定一个最大亏损额度，当总亏损达到这个额度时，就会停止交易。长期来看，不会止住亏损的交易员不会取得成功。关于止亏，最重要的是在建立头寸之前预先设定退出的点位。

五、离市——何时退出赢利的头寸

海龟在入市时一般不会设置离市止损指令，但会在日间盯着价格，一旦交易价格穿过离市突破价，就开始打电话下离市指令。何时退出赢利头寸的问题对于系统的收益性是至关重要的。任何不说明赢利头寸的离市交易系统都不是一个完整的交易系统。

六、策略——如何买卖

海龟交易法则中入市策略是以 1/2ATR 逐步进行的，是一个过程动作。止损策略依据入市策略逐步执行，也是一个过程动作。退出策略并没有使用类似方式的描述，而是在市场达到退出条件时立即执行，是一个点动作。

海龟们使用限价订单执行下单动作，不推荐市价订单。

面对剧烈市场波动时，普通交易者往往会惊慌失措，手忙脚乱地发出市价订单，往往这些都是最差时机的订单。海龟们的原则是保持冷静，等市场稳定下来再做打算，一直等到市场出现逆转迹象的时候再行动。

当多个信号在同一时间出现时，海龟们会在同一类市场中选择最强势的市场买入，选择最弱势的市场卖出。

海龟交易法则的成功在于严格执行交易规则。交易员需要遵循交易系统中所设定的规则，坚持交易策略，不受情绪和市场波动的影响，从而实现长期稳定的盈利。

海龟交易法则并不是一成不变的，交易员需要持续学习和改进交易系统，根据市场的变化和个人的经验，不断优化交易策略，从而实现更好的交易效果。

海龟交易法是一种趋势跟踪的交易策略，其核心思想是跟随市场趋势，增减仓，以获得最大的利润。交易者应紧跟市场走势，控制风险，严格遵守交易规则和纪律，将投资分散到不同的市场和资产类别，不断调整和优化交易策略以适应市场的变化。

多因子选股

在股票投资领域，选股是一项至关重要的任务。为了提高选股的效率和准确性，许多投资者和机构开始采用量化选股模型。其中，多因子量化选股模型因其综合考虑多个因素，能够更全面地评估股票的价值，因此受到了广泛的关注和应用。

多因子量化选股模型是一种基于多个因子进行股票评估和选择的量化投资策略。这种模型的核心思想是，不同的因子（如公司的基本面数据、市场数据、宏观经济数据等）对股票的价格和未来的收益有不同的影响，通过综合这些因子，可以更准确地评估股票的价值和投资潜力。

举一个简单的例子：如果有一批人参加马拉松，想知道哪些人能获得不错的成绩，只需在跑前做一个身体测试即可。测试可以用一个或多个指标。对测试的结果进行排名，排名靠前的运动员获得好成绩的可能性就比较大。因子选股模型的原理与此类似，可以利用某些指标（因子）选择未来可能表现较好的股票。

在多因子量化选股模型中，通常会选择一组因子，这些因子可以是财务指标（如市盈率、市净率等）、盈利预期、公司治理、市场情绪等。然后，通过统计分析方法（如回归分析、主成分分析等）确定每个因子的权重，最后根据各因子的权重得分，对股票进行排序，选择得分高的股票进行投资。

多因子选股的步骤可以分为以下几个阶段：

一、因子选取

首先，需要选择适合的因子。根据投资者的投资策略和目标，选择与其相关的因子。可以通过回测和实证研究等方法，评估不同因子对股票收益的影响，并选择具有统计显著性和稳定性的因子。以下是一些常用的因子：

市值因子：市值因子衡量了公司的市场价值大小对股票收益的影响。通常认为，小市值股票相对于大市值股票具有更高的收益潜力，因此市值因子可以用于区分成长股和价值股。

价值因子：价值因子关注的是公司的估值情况。相对较低的估值通常被认为与较高的股票收益相关。例如，常用的价值指标如市盈率（P/E 比率）和市净率（P/B 比率）可以被视为价值因子。

动量因子：动量因子考察了股票价格的趋势和走势。它基于观察到的股票价格在一段时间内的持续性表现，认为股票的涨跌趋势可能会持续一段时间。因此，相对强势（过去表现良好）的股票被认为在未来可能表现较好，而相对弱势的股票可能会继续表现较差。

盈利能力因子：盈利能力因子关注公司的盈利情况和财务指标。例如，盈利增长率、净利润率等指标被认为与股票收益相关。相对较高的盈利能力通常被视为正面因素，可能与较高的股票收益相关。

质量因子：质量因子关注公司的财务和经营质量。这包括盈利稳定性、负债水平、资产质量等。较高的质量因子得分可能与较高的股票收益相关，因为具备较好质量的公司通常更具竞争力和稳定性。

需要注意的是，以上只是一些常见的与股票收益相关的因子，实际上还有许多其他因素可以影响股票的表现。量化投资中的因子选择需要结合具体的研究和数据分析，以及根据特定投资策略和目标进行定制化。因子暴露的研究可以帮助投资者理解股票收益的来源，优化投资组合，并辅助决策制定。

二、数据获取和处理

在选取因子后，需要获取相关的数据，并进行处理。可以通过财经数据库或量化交易平台等渠道获取股票的基本面数据、技术指标数据、资金流向数据和宏观经济数据等。同时，还需要对数据进行清洗和处理，以确保数据的准确性和一致性。

三、因子打分和加权

在获取和处理数据后，需要对因子进行打分和加权。可以使用因子排序、标准化等统计方法，对每个因子进行打分。然后，根据因子的重要性和权重，对各个因子进行加权，得到综合因子得分。

四、选股和构建投资组合

根据综合因子得分，选取得分较高的股票作为投资标的。可以设定一个阈值，只选择得分超过该阈值的股票。然后，根据投资者的风险偏好和资金规模等因素，构建投资组合，确定每支股票的权重。

五、监控和调整

选股和构建投资组合后，需要定期监控和调整。可以设定一定的调整周期，如每个季度或每个月进行调整。根据市场情况和投资组合的表现，对股票的权重进行调整，以保持投资组合的稳定性和收益性。

多因子量化选股模型的优点是，它可以综合多个因子，避免了单一因子可能带来的偏见和风险。同时，这种模型是基于数据和统计的，因此更客观，可以减少人为的干扰和误判。然而，这种模型也有其局限性，例如，模型的效果很大程度上取决于因子的选择和权重的确定，而这两个环节都需要专业知识和经验。此外，模型的预测能力也会受到市场环境和数据质量的影响。

通过合理的步骤和方法，多因子选股可以成为我们的有效工具，帮助大家做出更科学、更理性的投资决策。

双均线策略

均线最早由美国投资专家格兰威尔于 20 世纪中期提出，现在仍然广泛为人们使用，成为判断买卖信号的一大重要指标。

均线是重要的技术指标，投资者经常使用，它是将某一段时间的收盘价之和除以该周期天数所得到的一根平均线。比如在这一周内，只有 2 天不是交易日，将 5 个交易日的收盘价加在一起除以 5 计算的平均数，10 日、20 日等也是一样以此类推。

均线根据不同的选取参数，是有不同的作用和反应情况的。常用的参数有 5 日、10 日、20 日、30 日、60 日、120 日、250 日。常用的颜色有白色（5日线）、黄色（10日线）、紫色（20日线）、绿色（30日线）、灰色（60日线）、蓝色（120日线）、橙色（250日），但是颜色并没有统一规定，我们可以用自己喜欢的颜色随意设定。

均线反映的内容是一个时间区间内平均价格和趋势，过去一个时段内价格总体运行情况可以经由均线直观地呈现。每根线都有它的作用和意义。

5日均线（攻击线）：攻击线是向上的趋势，且股票价格上升突破攻击线则会导致短期内看多。同理，如果说5日均线向下股价跌破均线则短期看空。

10日均线（行情线）：操盘线连续呈现上升状态时，如果股价超出了操盘线，则意味着波段性中线上涨，否则会下降。

20日均线（辅助线）：它的主要作用就是协助10日均线，不仅对价格运行力度和价格趋势角度进行推进，而且能对二者进行修正，让价格趋势运行方向稳定。在盘中辅助线呈持续向上的攻击状态时，当价格突破辅助线，波段性中线行情在这个时候开始看多，反面也就是看空。

30日均线（生命线）：它可以明显地指出股价在中期运动的轨迹，最主要的作用就是有较强的压力和支撑。在盘中要是生命线趋势在上升，而股价突破或在线之上则看多，不这样就看空。

60日均线（决策线）：可以从中看出价格的中期反转趋势，指导价格大波段级别运用于预定的趋势之中。基本主力一般都是很重视这根均线的，它能对股价中期的运动趋势起一个至关重要的作用。

120日均线（趋势线）：它的作用也是这样，即指明价格中长期的反转趋势，指点价格在既定的趋势中，大波段大级别地运行。当股价突破趋势线时，反转的情况在短时间内应该不会发生，一般至少也要 10 天才会反转。

250 日均线（年线）：布局在长期投资中作为重要参考。它能反映出公司的大体情况和业绩。

双均线策略会用到两条均线，一条短期均线，一条长期均线。与单均线策略类似，双均线策略的核心指标也是均线，是一种经典的趋势跟踪策略，经常会用来实操捕捉市场行情中的一段大趋势。短期均线和长期均线是相对的，均线周期较短的为短期均线，均线周期较长的为长期均线。

通常情况下，当短期平均线向上穿过长期平均线时，形成金叉，这是一个买入信号；而当短期平均线向下穿过长期平均线时，形成死叉，这是一个卖出信号。

在实际应用中，双均线交易策略可以结合其他技术指标和基本面分析来提高准确度和盈利率。例如，可以在金叉时买入，死叉时卖出，同时参考其他技术指标如 MACD、RSI 等来判断市场的强弱和趋势的持续性。此外，也可以结合基本面分析来选择具有潜力的股票和行业。

在运用双均线交易策略时，需要关注市场整体趋势，以判断策略的有效性。如果市场处于上升趋势，双均线交叉产生的买入信号准确率较高；反之，在下降趋势中，卖出信号准确率较高。

不同股票和不同市场阶段需要设置不同的均线周期。短期均线适用于捕捉短期波动，长期均线适用于判断长期趋势。根据个人投资风格和市场情况合理设置均线周期可以提高策略的适应性。

成交量是反映市场活跃度和主力意图的重要指标。在运用双均线交易策略时，关注成交量的变化可以帮助判断买卖信号的有效性。如果成交量放大且与信号相符，则增强信号的可信度；反之，成交量异常放大或与信号背离则需要注意信号的可靠性。

双均线交易策略并非一成不变，需要根据市场变化和个人投资风格灵活调整。当发现策略不适用于当前市场时，应及时调整均线周期、参数等指标以适应市场变化。

在实战中，需要严格遵守风险管理原则，合理分配资金，避免一次性投入过多资金导致风险集中。同时，需要设定止损止盈位，及时止损止盈以控制风险和提高资金利用率。

双均线交易策略的优点在于其易于理解和操作。它不需要过多的市场分析和预测，只需要关注短期和长期移动平均线的交叉情况即可。此外，双均线交易策略能够过滤掉一些市场噪音，减少交易的频率和失误，提高交易的盈利率。

双均线交易策略的缺点在于其存在一定的滞后性。由于均线是通过对历史价格数据的计算和分析得出的，因此无法实时反映市场的最新变化。此外，双均线交易策略也会因为市场波动的不规律性而出现一些虚假信号，导致交易频繁或错过一些机会。

技术分析并非一劳永逸的事情，需要不断学习和总结经验教训。在运用双均线交易策略过程中，需要关注市场动态、学习新的技术和方法论以提高自己的分析能力和交易水平。同时要善于总结经验教训，不断完善自己的交易体系和风险管理方法。

第 6 章

擦亮你的双眼——股权投资

随着新三板、科创板以及各种股权投资的场外市场的繁荣，股权大时代已经开启了。但正是由于这初始的混沌，很多人兴奋又盲目，各种乱象丛生。股权投资的套路是很多的，如果不留个心眼的话很容易落入圈套，所以我们一定要擦亮双眼，千万别被人轻易诱惑。

股权投资要学会看透假象

　　股权投资是一种投资方式，指的是购买或持有一家公司的股份，并通过持有这些股份获得该公司的所有权和权益。在股权投资中，投资者成为该公司的股东，享有相应比例的权益和利润分配。股权投资的收益主要来自投资公司的价值增长和分红。同时，股权投资也意味着承担公司业绩下滑、市场风险等可能带来的损失。

　　股权投资可以分为战略投资、财务投资、成长型投资三种类型：

　　战略投资是指投资者为了获得长期的战略利益，以较少的资金投入，获得对被投资企业的控制权。由于追求的是对被投资企业的控制权，战略投资者需要承担较大的风险，如果被投资企业的战略方向偏离了既定的目标，会给投资者带来巨大损失。

　　财务投资是指投资者为了获得短期的股权收益，以较少的资金投入，通过参与被投资企业的经营管理，获得一定的股权比例和股权收益。由于财务投资追求的是短期的股权收益，其收益预期较高，但是其风险也相应较大，一旦被投资企业的经营管理出现问题，会给投资者带来巨大损失。

　　成长型投资是指投资者为了获得被投资企业的未来成长潜力，以较少的资金投入，通过参与被投资企业的战略规划、市场营销等活动，获得被投资企业的发展红利和增值潜力。由于追求的是被投资企业的发展红利和增值潜力，成长型投资可以给投资者带来良好的收益，同时也可以帮助被投资企业实现快速增长。

如果某个公司说卖给你股权，你只需要支付少许现金，就可以成为公司的原始股东，是不是很开心，觉得自己就要是上市公司的股东了，股价涨起来，自己也会大赚一笔了。

遇到这样的好事，很少有人会理智地分析，这可能是个骗局。结果，公司根本无法上市，自己手里的股权一文不值，投入的钱也是血本无归。

俗话说：人无股权不富。公司上市的瞬间，你的股权确实很值钱，也确实能诞生不少富翁，但前提是公司能上市。很多人都把这当作一种投资，认为只要公司上市就赚钱，却忽略了公司无法上市的后果。也正是基于这样的心理，才会出现了真真假假的股权投资骗局。

我给大家举一个实例，当年，我们准备投资一个新三板的孵化器公司。在投资之前，我们一行人到公司进行实地考察，这家公司业务为用玉米秸秆提取甲醇，由于本身属于高污染企业，再加上经营不善等原因，资金流断了。

我们的考察团一行五人，我当时考察的重点是这家企业的真实运营情况及现有团队的执行力等，是否与他们给我们发过来的项目计划书相符。考察期间，我借故离开大部队，自己一个人来到了生产车间，我看到有一个生产工人正在添加秸秆。当时我发现了一个问题，车间的这些秸秆有非常陈旧的痕迹。因为新秸秆是很松散的，颜色上和旧秸秆也是有区别的。于是，我就主动上前与工人攀谈，确定工人是被临时雇佣过来的，其实这家企业已经很长时间没有开工生产了。为了证明我的判断是正确的，我又往里走。来到锅炉房旁边，有两个工人在那里有说有笑的，我就跟他们聊了起来，他们也是被临时雇佣过来的。这样，就彻底证实了我的判断，这家企业是在给我们做秀。

参观结束后，我们五人开始讨论是否要投资。另外几人都觉得这个企业很大，占地面积也不小，所以决定前期先投 500 万。然后，我直接投了否定票，然后我就把自己的理由说出来了：首先，这家企业好长时间没开工，可能所有的员工都是临时雇佣的；第二，所有的秸秆在这儿存放时间太长，已经无法进行生产实用，现有的秸秆失去了价值；第三，这种高污染企业不能持续运营；第四，这家企业存在债务风险。所以我们坚决不能进行投资。

投资是一门充满风险和机遇的艺术。索罗斯的名言提醒我们，世界的经济史往往是建立在假象和谎言之上的连续剧。为了获得财富，我们需要擦亮双眼，认清假象。在做出投资决策之前，我们应该问自己两个重要问题：这个项目处于什么阶段？背后的故事是由什么样的人讲述的？通过深度分析，我们可以更好地理解投资的真相，提高投资决策的准确性和成功率。

在投资之前，了解项目所处的阶段至关重要。不同阶段的项目具有不同的风险和回报特征。常见的项目阶段包括种子轮、初创期、成长期和成熟期。种子轮阶段的项目风险高，但潜在回报也大；初创期的项目风险依然较高，但市场验证已经开始；成长期的项目已经取得了初步成功，但需要进一步扩展；而成熟期的项目相对稳定，但回报可能相对较低。通过了解项目所处的阶段，投资者可以更好地评估风险和回报的平衡，做出明智的投资决策。

投资的真相在于认清假象和故事的真实性。投资者应该学会识别并过滤掉虚假的承诺和夸大的回报。了解项目所处的阶段以及背后的故事和参与者，是做出理性投资决策的关键。同时，投资者也需要建立自己的投资理念和策略，不盲目追随市场热点，而是基于深入的研究和分析做出决策。只有如此，我们才能在投资的世界中获得长期的成功和财富积累。

股权投资作为高收益、高风险的一种投资产品，总会出现各种各样的暴富神话，但同样地，各种股权投资陷阱也开始逐渐出现。

那么，常见的股权投资都有哪些套路和陷阱呢？

一、虚拟公司出售原始股

虚拟公司出售原始股，一般都是宣传营销做得比较好，实际上，公司根本没有实际经营，可能就是个空壳公司。比如，虚构某公司将被另外一家知名公司收购，借机对外宣传公司要上市，此时可以用低价买入公司原始股。宣传公司上市后，可以赚大钱。于是投资者纷纷入局。但股权购入之后才发现，只是个空壳公司，根本没有实际经营，投资者成为了最大的受害者。

二、新三板的大坑

新三板挂牌不是传统的"挂牌"。新三板也很容易爆出所谓的原始股骗局，这种交易一般在新三板挂牌，也在各地的地方股权中心挂牌。理论上是有希望上市的，但对于绝大多数来说，遥遥无期，或者根本没有希望。所以，这种情况下，听听就好，不要当真。

我们对新三板投资业务的特殊性要有一定的了解，不要被虚假宣传误导，还要警惕新三板原始股、新三板投资基金的投资骗局。在这些看似诱人的利益之下，往往隐藏着虚假宣传、合同诈骗甚至非法集资的陷阱，其中隐含着巨大的投资风险。

三、估值过高

股权投资如果以单个项目为估值对象，那么估值的高低会直接影响投资方在被投资企业中最终的股权比重。比如 A 公司的 B 项目估值 1 亿元，未来投资总回报如果为 20%，即 2000 万元的话，那么股权投资 B 项目 5000 万元，股权占比 50%，也就是说到期后能分到收益 1000 万元；那如果估值加到 1.2 亿元，可投资回报还是 2000 万元呢？你投的 5000 万元只占 41.67% 的股权，同样 20% 的回报，分到手里的只有 833.4 万元。

由此得出，股权项目的估值虚高将导致投资收益的下降。但由于私募股权投资的流动性差、投资成本高以及未来市场、技术和管理等方面可能存在很大的不确定性，投资的价值评估溢价的成分越来越多。

股权投资需要投资者具备相应的知识和经验，进行股权投资需要遵循一系列步骤并考虑一系列因素：

明确投资目标和风险承受能力：在进行股权投资之前，投资者应明确自己的投资目标和风险承受能力。投资目标可能包括长期增值、稳定回报或参与决策等，而风险承受能力则决定了投资者可以承担的损失程度。

寻找适合的投资机会：投资者需要寻找符合自身投资目标和需求

的投资机会。这可能包括参与初创企业、成长型企业或已上市公司的股权投资。

进行尽职调查：在进行股权投资之前，投资者应进行充分的尽职调查，评估潜在投资标的的财务状况、市场前景、竞争环境、管理团队以及法律合规等方面的情况。

谈判和签订投资协议：如果尽职调查通过，投资者将进入与目标公司谈判投资条件和签署投资协议的阶段。投资协议需要明确双方的权益、投资金额、退出机制以及股份转让等相关事项。

跟踪和管理投资：一旦投资完成，投资者需要定期跟踪和管理投资的情况。这包括参与公司决策、监督公司运营、了解市场变化、评估投资回报等。

退出投资：在股权投资中，退出机制是非常重要的。投资者可以通过股权转让、公司上市、公司收购等方式退出投资，实现投资回报。

股权投资是一项风险相对较高但潜在回报也较大的投资方式。在进行股权投资时，投资者应充分了解投资机会的风险和潜力，并进行适当的风险控制和投资组合管理。

长期股权投资的特点和类型

长期股权投资是指通过投资取得被投资单位的股份。企业对其他单位的股权投资，通常被视为长期持有，并通过股权投资控制被投资单位，或对被投资单位施加重大影响，或为了与被投资单位建立密切关系，以分散经营风险的目的。

长期股权投资具有持有时间长、持股比例高、参与管理、盈利模式多样等特点。

持有时间长：长期股权投资的持有时间一般超过一年，几年甚至十年以上。

持股比例高：长期股权投资一般指购买大量股票，从而持有被投资企业的一定比例的股权，投资人通常会占据少数股东甚至控股位置。

参与管理：长期股权投资者通常会参与被投资企业的管理，以确保自己的利益得到保障。

盈利模式多样：长期股权投资可以通过股息分红、股价上涨、股权转让等多种方式获得收益。

长期股权投资依据对被投资企业产生的影响，分为控制、共同控制、重大影响和无控制、无共同控制且无重大影响四种类型。

一、控制

控制是指有权决定一个企业的财务和经营政策，并能据此从该企业的经营活动中获取利益。投资企业能够对被投资企业实施控制的，被投资企业为该投资企业的子公司。通常，当投资企业直接拥有被投资企业 50% 以上的表决权资本，或虽然直接拥有被投资企业 50% 或以下的表决权资本，但具有实质控制权时，也说明投资企业能够控制被投资企业。

二、共同控制

企业持有的能够与其他合作方一同对被投资企业实施共同控制的权益性投资，即对合营企业投资。共同控制仅指共同控制实体，不包括共同控制经营、共同控制财产。共同控制实体是指由两个或多个企业共同投资建立的实体，该被投资企业的财务和经营政策必须由投资双方或若干方共同决定。

三、重大影响

重大影响是指对一个企业的财务和经营政策有参与决策的权力，但并不决定这些政策。投资企业能够对被投资企业施加重大影响，被投资企业为该投资企业的联营企业。当投资企业直接拥有或通过子公司间接拥有被投资企业 20% 以上但低于 50% 的表决权股份时，一般认为对被投资企业具有重大影响。此外，虽然投资企业拥有被投资企业 20% 以下的表决权资本，但符合下列情况之一的，也应确认为对被投资企业具有重大影响：

1. 在被投资企业的董事会或类似的决策机构中派有代表。在这种情况下，由于在被投资企业的董事会或类似的权力机构中派有代表，并享有相应的实质性的参与决策权，投资企业可以通过该代表参与被投资企业政策的制定，从而达到对该被投资企业施加重大影响。

2. 参与被投资企业的政策制定过程。在这种情况下，由于可以参与被投资企业的政策制定过程，在制定政策过程中可以为其自身利益提出建议和意见，由此可以对该被投资企业施加重大影响。

3. 与被投资企业之间发生重要交易。有关的交易因对被投资企业的日常经营具有重要性，进而一定程度上可以影响到被投资企业的生产经营决策。

4. 向被投资企业派出管理人员。在这种情况下，投资企业对被投资企业派出管理人员，管理人员有权力参与并负责被投资企业的财务和经营活动，投资企业因此能对被投资企业施加重大影响。

5. 向被投资企业提供关键性技术资料。在这种情况下，因为被投资企业的生产经营活动需要依赖投资企业的技术或技术资料，从而表明投资企业对被投资企业具有重大影响。

四、无控制、无共同控制且无重大影响

企业对被投资企业不具有控制、共同控制或重大影响，在活跃市场中没有报价、公允价值不能被可靠计量的权益性投资，是除上述三种类型以外的情况。具体表现为：

1. 投资企业直接拥有被投资企业 20% 以下的表决权资本，同时不存在其他实施重大影响的途径。

2. 投资企业直接拥有被投资企业 20% 或以上的表决权资本，但实质上对被投资企业不具有控制、共同控制和重大影响情况。

相比于短期投资，长期股权投资可以获得更为稳定的收益，特别是在股票市场波动较大的情况下。通过长期股权投资，可以获取对被投资企业的控制权或影响力，在业务上获得更多的拓展和发展机会。长期股权投资者通常会参与被投资企业的运营和管理，从而获得商业机密和技术共享，使自己的业务也能够得到提升。

但是，长期股权投资也有一些注意事项：

精选投资标的：精选投资标的是非常重要的。不同的行业和公司面临着不同的风险和挑战，选择优秀的企业和行业才能更好地实现长期稳定收益。

了解被投资企业：在进行长期股权投资之前，必须对被投资企业进行详细的调研和分析，以确保其具有良好的发展潜力和可持续性。

控制风险：长期股权投资是一种较为安全的投资方式，但也需注意控制风险。例如，在购买股票时需要避免集中投资、选择具有发展潜力的行业和区域等。

明确投资目标：长期股权投资需要明确自己的投资目标和预期收益，并根据实际情况进行调整和修正。

总之，长期股权投资是一种具有稳定性和可持续性的投资方式，可以带来长期稳定收益和商业机会，但投资者同时也需要注意精选投资标的、控制风险和明确投资目标等事项，以保证投资的成功和效果。

股权投资是风险游戏

股权投资是风险游戏，不承担风险便没有回报，所谓的一夜暴富多是虚构的财富故事。所以我们在狂热之余，需要的是冷静，更需要的是思考投资的风险问题。

我曾经投资过一个制水企业，它不是一家单纯的水厂，而是一整个水产品产业链，包括前端的技术研发、终端的水产品生产和末端的销售。

投资这家企业，我关注的是它净利润的增值，是这家企业在未来运作的环节里边能不能够形成闭环，是它讲故事的时候能不能在市场中产生共鸣。

当我开始投资这个领域的时候，就开始布局在香港借壳上市。为了顺利上市，当时需要 5000 万元买一个壳，另外必须要确保公司的净利润能够维持在 2000 万元或者是 3000 万元之间。

为了实现利润目标，我做了一个大胆的商业模式改革，首先不断地收购功能水专利，然后把这些功能水打包在一个产品的体系里边，在全国进行招商加盟。后来，我又引入了 5000 万的风险投资。当一切准备就绪的时候，突如其来的疫情打乱了我的所有计划：代理招商会无法正常举行，导致一季度的净利润递增额无法完成，在香港借壳上市的通道受阻；紧接着第二个季度的净利润还是没有完成。这个时候基金的投资方启动对赌条款，要求把投资的 5000 万退出。紧跟着就是连锁反应，一部分已经加盟的代理商也要求退款。这样，公司做完所以退款后，现金流就断了，无法继续经营，我的投资失败了。

后来，我开始反思这次投资失败的原因。首先，是我违背了自己的投资原则，我是一个职业投资人，跨的领域太宽了，由投资人转变成了实际运营者。第二，我违背了自己的风控原则，我没想到疫情的危机会把我直接击倒，当对方启动对赌条款的时候，我毫无防守能力。所以，只好为自己的不理智买单。

虽然随着国家利好政策的不断出现，股权投资市场中高额回报案例也常有发生，但投资风险依然存在。股权投资主要有投资决策风险、企业经营风险、资本市场风险、法律风险和执行风险五大风险。

一、投资决策风险

投资决策的风险主要体现为项目定位不准和决策程序的遗漏。每个项目都属于特定的行业，投资者对项目所处行业、行业周期、市场环境不了解，会造成行业定位风险。对项目企业的技术水平、生产能力了解不全，对投资的企业发展阶段定位不准，会造成投资类型选择的风险。拿房地产行业投资来说，当经济处于从低谷到复苏的拐点，建筑施工、水泥等企业会最先受益，股价上涨也会提前启动。但是房地产属于周期性强的行业，一旦市场需求接近饱和状态，房地产行业发展的压力便会倍增，这时投资者就应该考虑转向了。

另外，投资决策前，要经过一系列程序，比如，投资意向书起草、尽职调查、财务和法律审计等。投资程序不完善，尽职调查不全面，程序遗漏等都可能造成不可预知的风险。

二、企业经营风险

企业经营风险主要是指被投资企业的业务经营风险。发生风险的原因可能是项目所处行业的市场环境发生了变化，比如经济衰退；可能是经营决策不对，比如盲目扩张、过快多元化；也可能是企业管理者的能力不够或管理团队不稳定等。企业经营情况发生变化易导致业绩下滑、停工、破产等不利情况，从而影响股权投资通过上市、股权转让、管理层回购等方式完成投资资金的退出，导致股权投资没有收益甚至出现本金损失的情况。最严重的甚至可能导致本金完全损失。

三、资本市场风险

某些行业、某种投资方式等方面具体政策规定的突然改变，即资本市场的变化，很可能会增加投资人意想不到的风险。这里的资本市场风险主要指政策（如货币政策、财政政策、行业政策、地区发展政策等）带来的风险，政策发生变化，市场价格产生波动，风险随即产生。这种风险是任何投资项目都无法回避的系统风险。

四、法律风险

法律风险主要体现在合同、知识产权等法律问题上。股权投资基金与投资者之间签的管理合同或其他类似投资协议，保证金安全和保证收益率等条款往往不受法律保护，这是投资风险之一。投资协议缔约不当与商业秘密保护也可能带来合同法律风险。

五、执行风险

执行风险的影响因素主要为时间。对于股权投资来说，投资的周期一般较长，股权退出期普遍在三年，或者五到七年甚至更长时间。但并非所有的股权投资都能在约定的时间内以上市套现退出作为良好的结局，更多的投资项目可能由于种种原因不能上市或只能在原有股东内部转让等。因此，退出机制的不完善，会使股权投资风险变大，因为不确定因素很多。

股权投资的风险不同于二级市场。由于投资周期长，风险更有隐蔽性，投资者需要更加小心。如果投资者对于股权投资的风险没有很好地把控，给自身带来的不利影响可能是非常巨大的。

普通人如何进行股权投资

股权投资作为一种高风险高收益的投资方式，备受投资者的青睐。

在进行股权投资之前，我们必须了解股权投资的基本知识，包括风险评估、投资策略等方面。此外，还需要了解公司的财务状况、行业前景、管理团队等信息，以便做出明智的投资决策。

股权投资的方式多种多样，包括直接购买股票、购买基金、参与新股申购、股票定增等。作为普通人，我们需要根据自己的实际情况和风险承受能力，来选择合适的投资方式。

那么，我们普通人进行股权投资要注意什么呢？

一、正确的投资心态

股票市场的投资风险主要在于价格波动下的浮亏，而股权投资市场的风险则主要来自公司发展远不及预期的情况。因此，普通投资者在参与股权投资之前，应深刻明白这个道理。如果想参与其中，既要相信自己的投资眼光，也要做好满盘皆输的准备。输不起，就不要玩，这个市场就是这么残酷。股权投资如同与他人合伙做生意，追求的是本金的安全和持续以及稳定的投资回报，不论投资的公司能否在证券市场上市，只要它能给投资人带来可观的投资回报，即为理想的投资对象。由于公司上市能够带来股权价格的大幅上升，一些股权投资者急功近利的心态使其过于关注"企业上市"概念，以至于忽略了对企业本身的了解，这样就放大了投资风险，也给一些骗子带来了可乘之机。事实证明，很多以"海外上市"、暴利等为名义的投资诱惑，往往以骗局告终。毕竟，能上市的公司总是少数，寻找优质公司才是投资的正道。

二、了解投资对象

股权投资对象是具体的公司，公司的成长直接关系到投资回报的高低。因此，投资者一定要对自己的投资对象有一定程度的了解。例如公司管理人的经营能力、品质以及能否为股东着想，还有公司的资产状况、赢利水平、竞争优势等信息。由于大部分投资人的信息搜集能力有限，因此，投资者最好投资本地的优质企业。另外，公司所处的行业发展前景，决定公司未来发展的速度、高度和深度。个人参与股权投资，一是要选自己熟悉的行业或领域，二是要选新兴行业、朝阳行业、与人们衣食住行息息相关的行业，切勿投资于传统没落行业，如"三高一资"（高成本、高污染、高能耗、资源型）行业。

三、熟悉股权投资周期

目前市场上股权投资的投资期限最少一年，而大多的股权投资期限为 2 到 5 年，甚至少部分股权投资期限达 10 年之久。个人投资者必须了解所参与股权投资的投资期限，所投入的资金需与之相匹配。否则，用短期的资金去参与中长期的股权投资，必然会出现流动性的问题。

四、控制投资成本

即使投资对象是优质公司，假如买入股权价格过高，也还是会导致投资回收期过长、投资回报率下降，算不得是一笔好的投资。因此，投资股权时一定要计算好按公司正常赢利水平收回投资成本的时间。通常情况下，时间要控制在 10 年之内。但有的投资者在买入股权时，总是拿股权上市后的价格与买入成本比较，很少考虑如果公司不能上市，何时才能收回成本，这种追求暴利的心态往往会使投资风险骤然加大。

五、注重风险控制

股权投资是一种高风险高收益的投资方式，因此在进行股权投资时，必须注重风险控制。每一个个人股权投资者都应该按照自己的资金规模，制定符合自己的投资原则和规划，因为股权投资往往期限时间长，风险系数高，那么我们只要坚持最适合自己的投资原则，就能最大程度地降低风险。有些激进的投资者，遇到自己非常看好的项目时，还会通过各种手段融资加杠杆，虽然利用杠杆效益会获得可观的收益，但是我们更要警惕杠杆效应带来的风险。作为普通的个人投资者，需在自身可以承受资金压力内参与股权投资，因为普通的自身投资者所接触到的信息和掌握的专业知识都是比较滞后的，所以保守稳健的投资策略对个人股权投资者来说通常是上佳的选择。

总之，普通人进行股权投资，需要具备一定的知识和经验，同时注重风险控制和选择合适的投资方式。只有这样，才能在股权投资市场中获得良好的收益。如果您对股权投资还没有深入的了解，建议咨询专业的投资顾问或者参考相关的书籍、文章进行学习和研究。同时还需要在实践中不断积累经验和总结教训，这样才能逐步成长为股权投资市场的行家。最后需要强调的是，进行股权投资时，一定要遵守相关法律法规和监管政策，合法合规地进行投资活动，以保障自身的合法权益。

私募股权投资基金

从 1984 年中国引进风险投资概念至今，我国私募股权投资已经历了 40 个春秋的潮起潮涌。在国际私募股权投资基金蜂拥而至的同时，本土私募股权投资基金也在快速发展壮大，我国的私募股权投资业已经从一个"新生儿"逐步成长起来，并已开始迈出坚实的步伐。

当前，我国私募股权基金正处在发展初期，逐步受到关注。私募股权基金是美国开创的一种专业的投资管理服务和金融中介服务。其第一个属性是私募。私募有三个内涵：首先，私募基金对募集对象或投资者的范围和资格有一定要求。美国最早设定一个私募股权基金投资者人数不能超过 100 人，且资金实力较为雄厚。最初投资者资格要求年收入在 20 万美元以上，家庭资产也须达到一定的水平；机构投资者净资产必须在 100 万美元以上。1996 年以后标准作出调整：投资者人数扩大到 500 人，个人投资者资产特别是金融资产规模在 500 万美元以上。其次，私募是指基金的发行不能借助传媒。主要通过私人关系、券商、投资银行或投资咨询公司介绍筹集资金。最后，由于投资者具有较强的抗风险能力和自我保护的能力，因此政府不需要对其进行监管。

私募股权基金的第二个属性是股权投资。私募来的资金主要用于企业股权的投资，从大型机构和资金充裕的个人手中以非公开方式募集基金，然后寻求投资于未上市企业股权的机会，后通过积极管理与退出，来获得整个基金的投资回报。

私募股权基金有公司型、契约型、合伙型、"公司＋有限合伙"模式、"公司＋信托"模式和母基金 6 种常见的组织形式。

一、公司型

公司制包括有限责任公司和股份有限公司两种形式，对于股权投资基金组织而言主要采用有限责任制。投资人作为股东直接参与投资，以其出资额为限，对公司债务承担有限责任。

基金管理人可以是股东，也可以是外部人，实践中通常是股东大会选出董事、监事，再由董事、监事投票委托专门的投资管理公司作为基金管理人。管理人收取资金管理费与效益激励费。这种基金股份的出售一般都委托专门的销售公司来进行。

二、有限合伙型

基金的投资人作为有限合伙人参与投资，以其认缴的出资额为限对私募股权投资组织的债务承担责任。普通合伙人通常是基金管理者，有时也雇佣外部人员管理基金。

三、契约型

契约型基金目前在国内并无官方定义，有一种说法认为，契约型基金又称为单位信托基金，指专门的基金管理公司作为委托人通过与受托人（投资人）以签订"信托契约"的形式发行受益凭证——"基金单位持有证"来募集社会上的闲散资金，用以从事投资活动的金融产品。

四、"公司＋有限合伙"模式

"公司＋有限合伙"模式中，这里的公司是指基金管理人为公司，基金为有限合伙制企业。该模式是较为普遍的股权投资基金操作方式。

由于自然人作为普通合伙人（GP）执行合伙事务风险较高，加之私人资本对于有限合伙制度的理解和理念都不尽相同，自然人GP的挑战因此增强。同时，《中华人民共和国合伙企业法》中，对于有限合伙企业中的普通合伙人，没有要求必须是自然人还是法人。于是，为了降低管理团队的个人风险，采用"公司＋有限合伙"模式，即通过管理团队设立投资管理公司，再以公司作为普通合伙人与自然人、法人有限合伙人（LP）们一起，设立有限合伙制的股权投资基金。由于公司实行有限责任制，一旦基金面临不良状况，作为有限责任的管理公司则可以成为风险隔离墙，从而管理人的个人风险得以降低。该模式下，基金由管理公司管理，LP和GP一道遵循既定协议，通过投资决策委员会进行决策。目前国内的知名投资机构多采用该操作方式。

五、"公司 + 信托"模式

"公司 + 信托"的组合模式结合了公司和信托制的特点。即由公司管理基金，通过信托计划取得基金所需的投入资金。在该模式下，信托计划通常由受托人发起设立，委托投资团队作为管理人或财务顾问，建议信托进行股权投资，同时管理公司也可以参与项目跟投。需要提及的是，《信托公司私人股权投资信托业务操作指引》第21条规定，"信托文件事先有约定的，信托公司可以聘请第三方提供投资顾问服务，但投资顾问不得代为实施投资决策。"这意味着，管理人不能对信托计划下的资金进行独立的投资决策。同时，管理人或投资顾问还需要满足几个重要条件：1. 持有不低于该信托计划10%的信托单位；2. 实收资本不低于2000万元人民币；3. 管理团队主要成员股权投资业务从业经验不少于3年。采用该模式的，主要为地产类权益投资项目。此外，一些需要通过快速运作资金的创业投资管理公司，也常常借助信托平台进行资金募集。

六、母基金

母基金是一种专门投资于其他基金的基金，也称为基金中的基金，其通过设立私募股权投资基金，进而参与到其他股权投资基金中。母基金利用自身的资金及其管理团队优势，选取合适的权益类基金进行投资；通过优选多只股权投资基金，分散和降低投资风险。国内各地政府发起的创业投资引导基金、产业引导基金都是以母基金的形式运作的。政府利用母基金的运作方式，可以有效地放大财政资金效益，选择专业的投资团队，引导社会资本介入，快速培育本地产业，特别是政府希望扶持的新兴产业。

私募股权基金真正的优势在于它是真正市场化的。基金管理者完全以企业成长潜力和效率作为投资选择原则。投资者用自己的资金作为选票，将社会稀缺生产资源使用权投给社会最需要发展的产业，投给这个行业中最有效率的企业，只要产品有市场、发展有潜力，不管这个企业是小企业还是民营企业。这样整个社会的稀缺生产资源的配置效率可以大幅度提高，投资者也可以更好地分享中国经济增长带来的红利。

第 7 章

你离不开的一个投资品种——基金投资

在现代金融市场中，基金投资已成为越来越多人离不开的一个投资品种。基金投资具有分散风险、管理专业、灵活性强、低门槛、方便度高、透明度高和长期收益等优点。在选择基金投资时，投资者应根据自身情况和风险承受能力，选择合适的基金进行投资，实现财富的稳健增长。

市场中常见的基金类型

基金既不遥远，也不神秘，与我们每一个普通人，尤其是步入了新时代的普通人联系得十分紧密。当今社会，人们越来越重视财务规划和投资，而基金投资已成为一种被广泛接受的投资方式。

基金是一种投资理财的工具。说得通俗一点，就是把大家的钱集合在一起，交给基金管理人负责管理，基金管理人会将这些资金投入到股票、债券、货币市场等各种投资品种中，以期获得更高的回报。

基金分类标准多种多样，依据不同的分类标准可以分为不同种类的基金。根据不同投资策略，基金可以被分为主动型基金和被动型基金。主动型基金是以取得超越市场的业绩表现为目标的一种基金。被动型基金通常被称作指数型基金，一般选取特定的指数成份股作为投资对象，不主动追求超越市场的表现，而是试图复制指数的表现。

主动型基金可选择范围较被动型基金更广，因为主动型基金的投资标的是可变的，市场中常见的货币基金、债券基金、股票基金、混合基金都属于主动型基金。

一、货币型基金

货币型基金主要投资于债券、央行票据、回购交易等安全性极高的短期金融品种，又被称为"准储蓄产品"，其主要特征是"本金无忧、活期便利、定期收益、每日记收益、按月分红利"。货币型基金通常被视为无风险或低风险投资工具，适合资本短期投资生息以备不时之需，特别是在利率高、通货膨胀率高、证券流动性下降、可信度降低时，可使本金免遭损失。

货币型基金按参与资金的规模限制可分为 A 类和 B 类，具体命名方式就是在货币型基金名称后面家上字母 A 或 B。

A 类货币型基金申购门槛比较低，一般是 100 元起，也有 1 元起的，销售服务费率每年约为 0.25%，适用普通投资者。

B 类货币型基金申购门槛比较高，一般 500 万起步，销售服务费比 A 类低，一般为 0.01%，适合机构和大额投资者投资。

一般情况下我们买的都是 A 类货币型基金。

二、债券型基金

债券型基金是指专门投资于债券的基金，它通过集中众多投资者的资金，对债券进行组合投资，寻求较为稳定的收益。

债券型基金分为短期纯债基金、中长期纯债基金、一级债基金、二级债基金等。

短期纯债基金和中长期纯债基金的资金 100% 投向债券。区别在于短期纯债基金投向期限较短的债券，中长期纯债基金投向期限较长的债券。

一级债基金和二级债基金投资股票的比例不超过 20%。区别在于，一级债基金通过打新和定增买股票，二级债基金直接在二级市场买股票。

一般情况下，债券型基金走势与股市相反，因此，债券型基金可以很好地分散投资风险。

债券型基金风险低，收益相对稳定，比较适合风险承受能力低，想要获取长期稳健回报的投资者。

债券型基金名字后面也会有字母后缀，常见的后缀有 A、B、C 三个分类，主要区别在于收费的方式不同。

A 类：指的是前端收取申购费，就是在买基金时收费，一般是 0.08% 的手续费，基金赎回时要收赎回费。

B 类：指后端收取申购费，就是买基金时先不收，到赎回时再收。后端收取申购费是根据持有这只基金的时间长短来决定的，每只基金都各有不同。一般基金持有的时间越长，费用越少。

注意：A 类份额和 B 类份额，都要收取一定的基金管理费和托管费（从基金资产中扣除），但没有销售服务费。

C 类：没有申购费与赎回费。投资者在认购和赎回时都不收费，但是要按日收取销售服务费。

三、混合型基金

混合型基金既可以投资于股票市场，也可以投资于债券市场，以实现风险分散和收益最大化。根据不同的投资范围和比例，混合型基金又可分为偏股型基金、偏债型基金、平衡型基金等。

混合型基金会同时使用激进和保守的投资策略，其回报和风险要低于股票型基金，高于债券和货币型基金，是一种风险适中的理财产品。一些运作良好的混合型基金回报甚至会超过股票基金的水平。

四、股票型基金

股票型基金主要投资于股票市场，以获取资本增值和股息收入。

股票型基金可以按照股票种类的不同分为优先股基金和普通股基金。优先股基金是一种可以获得稳定收益、风险较小的股票型基金，其投资对象以各公司发行的优先股为主，收益主要来自股利收入。而普通股基金以追求资本利得和长期资本增值为投资目标，风险较优先股基金偏高。

按基金投资的目的，可将股票型基金分为资本增值型基金、成长型基金及收入型基金。资本增值型基金投资的主要目的是追求资本快速增长，以此带来资本增值，该类基金风险高、收益也高。成长型基金投资于具有成长潜力并能带来收入的普通股票，具有一定的风险。股票收入型基金投资于具有稳定发展前景的公司所发行的股票，追求稳定的股利分配和资本利得，这类基金风险小，收入也不高。

按基金投资分散化程度，可将股票型基金分为一般普通股基金和专门化基金，前者是指将基金资产分散投资于各类普通股票上，后者是指将基金资产投资于某些特殊行业股票上，风险较大，但可能具有较好的潜在收益。

投资股票型基金应注意风险。由于价格波动较大，股票型基金属于高风险投资。除市场风险外，股票型基金还存在着集中风险、流动性风险、操作风险等，这些也是投资者在进行投资时必须关注的。

总的来说，不同类别的基金都有各自的特点和风险收益特征。

投资者在选择基金时，需要根据自己的风险承受能力、投资目标和时间等因素进行综合考虑，选择最合适自己的基金。

基金经理的能力很重要

基金经理是基金运作中最核心的角色之一，是基金的灵魂人物，其能力的强弱对基金的长期表现至关重要。

一般情况下，我们购买一只基金产品，首先要看运作这只基金的基金经理是不是一位优秀的人，只有优秀的基金经理才能带来更好的投资回报。

根据基金经理的个数及分工的不同，基金管理的方式可分为3种，分别是单个基金经理型、管理小组型和多个基金经理型。由于管理方式不同，基金经理对基金业绩的影响程度也不相同。

第一种是单个经理型，即基金的投资决策由基金经理独自决定。该团队的其他成员分别为基金经理提供调研、交易、决策等支持，总之，基金经理是团队绝对的核心。在这种方式下，基金经理的影响力非常强。

第二种是管理小组型，即两个或以上的基金经理共同进行投资决策。在这种方式下，小组各个成员之间的权责难以完全清楚地划分，但有时也会由一个组长来做最终决定。

第三种是多个经理型，每个经理单独负责管理基金资产中的一部分，混合型基金多数采用这种管理方式。由于不同基金经理负责不同投资品种的投资决策，所以每个基金经理都有一定的影响力。

对市场的把握、对行业的研究、信息甄别等能力都是一个基金经理的必备素养。对于我们投资者而言，这些素养最直观的体现就是基金业绩。尤其是对主动型管理的产品来说，基金经理往往成为一只基金成败的关键因素。

基金经理就像一所医院的医生，病人不但要选好医院，而且要选这家医院里技术优良的医生。从现实来看，仅看其履历表是不够的，仅凭短期的基金运作状况也是难以发现基金经理的潜在优势的。那么，我们该如何评估基金经理的能力呢？

一、行业背景和经历

一个优秀的基金经理应该有足够的行业经验并接受过相关培训，比如投资银行、证券机构等。有这些背景，基金经理更能识别结构性趋势和细分市场企业的风险特征，为基金的长期表现带来更多的机会。

二、风险控制能力

基金经理的风险控制能力是评估一个基金经理是否优秀的另一个重要指标。一个好的基金经理，除了在正常市场环境下能够取得好的回报之外，在市场下跌时同样能采取适当的措施，确保基金的损失最小化。

三、投资回报率

投资回报率是用来衡量一个基金经理的能力的最直接指标之一。在看基金经理的过往业绩时，应尽量地把时间线拉长，因为时间越长才越能看出基金经理的实力。短时间内业绩好，不一定是实力，也有可能是运气，比如刚好碰到一轮不错的行情，或者刚好买到几只不错的股票。可如果长期的业绩好，就不是运气能解释的了，就算是运气，长期有好运气似乎也不错。

另外，在看业绩时需要有一个共同的参考系，因为基金的类型不同，放在一起比较并不适合，只有把同类基金放一起比较才有意义。一只债券型基金年化收益率能有 10% 就已经算很多了，可对股票型基金来说这个收益率或许只能勉强算及格。即便是股票型基金，主动型和被动型的标准也不相同。

一个有实力的基金经理，其管理的基金收益率必定是长期在其他同类基金的平均水平之上的，越高于平均水平越好。而这样的基金经理管理的基金，成为好基金的概率自然就更大。

四、投资风格

不同的基金经理有不同的投资风格和策略，因此，了解基金经理的投资策略对确保选择合适的基金是很重要的一点。例如，有的基金经理偏好于价值投资，而有的则更倾向于成长股。选择适合自己风险承受能力和投资目标的基金经理，能够提升获得收益的可能性。

总之，找到一个合适的基金经理对我们投资者来说是至关重要的。通过评估基金经理的经验、风险控制能力、投资回报率、投资策略，我们可以更加全面地了解基金经理的能力及基金发展潜力，从而作出更为明智的投资决策。

量化基金是你最好的选择

量化基金是通过数理统计分析，选择那些未来回报可能会超越基准的证券进行投资，以期获取超越指数基金的收益，主要采用量化投资策略来进行投资组合管理。这类基金通常也被称为纯量化操作基金，中间并没有人为操作。

量化基金与人为决策的传统基金不同，人在其中的作用在于构建包含足够信息并能对信息进行有效处理的投资决策系统，而其选时选股决策都是基于投资决策系统的信息处理结果。量化基金独特的决策流程决定其决策过程中受人的因素影响非常小，这可以避免投资者扭曲面对的信息，做出过度反应。从这个角度看，量化基金是一个不错的选择。

早在 2004 年国内市场就推出了首只采用量化策略的基金———光大保德信量化核心基金，但量化基金真正为国内投资者所关注还是 2008 年金融危机期间。当时大部分基金都亏损严重，但部分采用量化策略的基金却获得了非常好的收益。从 1989 年到 2008 年，詹姆斯·西蒙斯管理的大奖章（Medallion）基金的年均净回报率高达 35%，比巴菲特等投资大师同期的年均回报率要高出 10 个百分点，比同期标准普尔 500 指数的年均回报率更高出 20 多个百分点。

量化基金采用的策略包括：量化选股、量化择时、股指期货套利、商品期货套利、统计套利、期权套利、算法交易、资产配置等。

一、量化选股

量化选股就是采用数量统计分析的方法判断某个公司是否值得买入的行为。根据某个方法，如果该公司满足了该方法的条件，则放入股票池，如果不满足，则从股票池中剔除。量化选股的方法有很多种，总的来说，可以分为公司估值法、趋势法和资金法三大类。

二、量化择时

股市的可预测性问题与有效市场假说密切相关。如果有效市场理论或有效市场假说成立，股票价格充分反映了所有相关的信息，价格变化服从随机游走模型，股票价格的预测则毫无意义。众多的研究发现我国股市的指数收益中，存在经典线性相关之外的非线性相关，从而拒绝了随机游走的假设，指出股价的波动不是完全随机的，它貌似随机、杂乱，但在其复杂表面的背后，却隐藏着确定性的机制，因此存在可预测成分。

三、股指期货套利

股指期货套利是指利用股指期货市场存在的不合理价格，同时参与股指期货与股票现货市场交易，或者同时进行不同期限、不同（但相近）类别股票指数合约交易，以赚取差价的行为。股指期货套利主要分为期现套利和跨期套利两种。股指期货套利的研究主要包括现货构建、套利定价、保证金管理、冲击成本、成分股调整等内容。

四、商品期货套利

商品期货套利盈利的逻辑原理基于以下几个方面：1. 相关商品

在不同地点、不同时间都对应有一个合理的价格差价。2. 由于价格的波动性，价格差价经常出现不合理。3. 不合理必然要回到合理。4. 不合理回到合理的这部分价格区间就是盈利区间。

五、统计套利

有别于无风险套利，统计套利是利用证券价格的历史统计规律进行套利，是一种风险套利，其风险在于不确定这种历史统计规律在未来一段时间内是否继续存在。统计套利在方法上可以分为两类，一类是利用股票的收益率序列建模，目标是在组合的 β 值（一种评估证券系统性风险的指数）等于零的前提下实现组合的期望收益，我们称之为 β 中性策略；另一类是利用股票的价格序列的协整关系建模，我们称之为协整策略。

六、期权套利

期权套利交易是指同时买进卖出同一相关期货但敲定价格不同或到期月份不同的看涨或看跌期权合约，希望在日后对冲交易部位或履约时获利的交易。期权套利的交易策略和方式多种多样，是多种相关期权交易的组合，具体包括：水平套利、垂直套利、转换套利、反向转换套利、跨式套利、蝶式套利、飞鹰式套利等。

七、算法交易

算法交易，也称为自动交易，黑盒交易，是利用电子平台，输入涉及算法的交易指令，以执行预先设定好的交易策略。算法中包含许多变量，包括时间、价格、交易量，或者在许多情况下，由"机器人"发起指令，而无需人工干预。根据各个算法交易中算法的主动程度不同，可以把不同算法交易分为被动型算法交易、主动型算法交易、综合型算法交易三大类。

八、资产配置

资产配置是指资产类别选择，投资组合中各类资产的适当配置以及对这些混合资产进行实时管理。量化投资管理将传统投资组合理论与量化分析技术结合，极大地丰富了资产配置的内涵，形成了现代资产配置理论的基本框架。它突破了传统积极型投资和指数型投资的局限，将投资方法建立在对各种资产类股票公开数据的统计分析上，通过比较不同资产类的统计特征，建立数学模型，进而确定组合资产的配置目标和分配比例。

阿尔法策略

阿尔法策略，英文名为 Alpha Strategy，是一种投资策略，通过分析证券市场中的数据，找出那些能够带来超额收益的股票和股票组合，从而实现投资回报率的提高。阿尔法策略通常被用于对冲基金、私募基金等投资机构中。

阿尔法的概念诞生于 20 世纪中叶，经过学者的统计，当时约 75% 的股票型基金经理构建的投资组合无法跑赢根据市值大小构建的简单组合或是指数。不少学者将此现象归因于市场的有效性，也就是由于金融市场聚集了众多的投资者，这些投资者时刻紧盯着市场，一旦市场出现套利机会，他们就会迅速做出行动以使市场恢复均衡。在一个有效的金融市场，任何寻找超额收益的努力都是徒劳的，投资者只能获得基准收益率水平的收益。

随着 20 世纪后半期衍生品的诞生，不少基金取得了令人眩目的收益率，这说明通过积极的投资管理是可以获得超额收益率的。高收益率基金的诞生使投资者不再满足于消极投资策略带来的回报，投资者希望能够获取超越基准指数的收益率。阿尔法就是高于经调整后的预期收益率的超额收益率。

阿尔法策略的核心在于寻找市场中能够带来超额收益的股票或股票组合，这些股票或组合的表现不受市场整体波动的影响，反而在市场中表现出突出的优势。阿尔法策略的投资者通常会通过分析大量的市场数据，如交易量、价格、公司基本面等，以找出这些有潜力的投资标的。

相比于传统的投资策略，阿尔法策略具有以下特点：

实现阿尔法策略通常需要进行大量的数据分析和模型构建，需要投资者具备深厚的专业知识和技能。同时，阿尔法策略的实现还需要投资者具备严谨的风险控制意识和操作能力。

积极型的管理者依靠团队优势和经济分析能力，相信能够强于市场或更加深刻地理解公司的基本情况，通过选取品质良好、处于业绩成长期间的优秀企业，寻找内在价值被市场低估的潜力企业，以此来战胜和超越市场。这主要依赖于管理者的能力和素质。

常用的阿尔法策略有动量投资策略、套利策略、事件驱动型策略和趋势策略等。

一、多 / 空策略

就是将基金部分资产买入股票，部分资产卖空股票或者股指期货。对冲基金经理可以通过调整多空资产比例，自由地调整基金面临的市场风险，往往是规避其大概率不能把握的市场风险，获取较稳定的收益。

二、套利策略

就是对两类相关资产同时进行买入、卖出的反向交易以获取价差，在交易中一些风险因素被对冲掉，留下的风险因素则是基金超额收益的来源。由于采用产品不一，因此套利策略又可以分为：股指套利、封闭式基金套利、统计套利等。

三、事件驱动型策略

就是投资于发生特殊情形或是重大重组的公司，例如发生分拆、收购、合并、破产重组、财务重组、资产重组或是股票回购等行为的公司。事件驱动策略主要有不良证券投资和并购套利，其他策略常与这两种策略一并使用。

四、趋势策略

通过判断证券或市场的走势来获利而不再是将市场风险对冲掉后依靠选择证券的能力来获利，而且有时还大量采用杠杆交易以增加盈利。类型上可以分为：全球宏观基金、新兴市场对冲基金、纯粹卖空基金、交易基金及衍生品基金。

在实践中，阿尔法策略通常与传统的投资策略相结合，以实现更加稳健的投资回报。阿尔法策略的应用，对于我们投资者实现投资回报率的提高和风险控制具有重要意义。

阿尔法策略在投资界有广泛的应用，其成功率也相对较高。对于我们投资者而言，了解和掌握阿尔法策略的原理和实现方法，可以帮助我们更好地进行投资决策。

用货币型基金打理闲钱

20 世纪 70 年代初到 80 年代，美国处在经济衰退而通胀较高的"滞涨"环境中。当时美联储对银行存款利率进行管制，居民存款利率低于通货膨胀率，存款一直处于贬值状态。银行为了吸引资金，推出利率高于通胀率的大额定期存单。然而这种定期存单起始金额较大，往往是以十万或百万美元为最低投资单位。只有少数机构投资者才有足够的现金去做这样的投资。

对大多数美国人来说，当时可以参与的金融投资品的只有利息低得可怜的银行储蓄账户、股票和债券。于是，人们很自然地寻找安全性好、流动性强的资产，但很多金融资产要么风险太大、缺乏流动性、要么收益太低，总之无法满足投资者的金融需求。

当时，曾是世界上最大养老基金"教师年金保险公司"现金管理部的主管兼信用分析师鲁斯·班特在对金融服务业作了周详的调查之后，产生了一个天才的想法：他在 1970 年创立了一个名为"储蓄基金公司"的共同基金，并于 1971 年获得美国证券与交易委员会认可，对公众销售金融产品。

1972 年 10 月，储蓄基金公司购买了 30 万美元的高利率定期储蓄，同时以 1000 美元为投资单位出售给小额投资者。就这样，小额投资者享有了大企业才能获得的投资回报率，同时拥有了更高的现金流动性，历史上第一个货币市场共同基金诞生了。

货币型基金在近几年的投资市场比较火爆，受到了许多人的关注。余额宝（天弘余额宝货币市场基金）和零钱通（华夏财富宝货币市场基金）大家肯定非常熟悉，大部分人或多或少都接触过甚至购买过，这就是货币型基金的一种产品。也就是说很多人其实在不知不觉中就选择了货币型基金打理闲财。

在全球市场范围内，货币型基金在财富管理的产品图谱中都扮演着重要的角色。在大部分投资者看来，货币基金是一个类似"保本"的工具，可以提供灵活的赎回，同时底层资产安全性也很高，在各类基金中风险是最低的，每天可以直观地看到"七日年化收益率和万份收益"，是体验较好的投资品种。

随着美联储不断加息抗通胀，此外叠加美国经济后续衰退预期，美国长端利率低于短端利率，出现了倒挂现象。如美国 10 年期国债收益率还不如美联储联邦利率。而货币型基金投资以短期资产为主，当下收益率也能达到 5% 以上，因此购买短久期的货币型基金就成为了投资者的高性价比之选。

此外，在硅谷银行（SVB）破产事件后，美国老百姓也开始意识到美国区域银行的存款信用风险。这些中小区域银行也开始控制贷款投放和表内资产投资，因而吸收存款的节奏也有所放缓，缺乏提高存款利率的动力。在这双重背景下，美国的储户逐渐把存款从区域银行中转出，逐步转入货币型基金。

然而在当下，我们中国投资者也偏好货币型基金，一方面，股票市场投资收益不理想，投资者都想观望下市场，轻易不敢入市，选择把钱放在货基里面趴着。另一方面，随着非标信托和 P2P 等产品暴雷，投资者越发注重投资收益和风险的性价比。

很多人在购买货币型基金时不会像投资其他类型基金时那样精挑细选，他们认为货币型基金收益再好，也比不上在行情好时的其他类型基金的收益。但是挑货币型基金其实也有技巧，掌握好这个方法，可以让你的收益再提升一点。

一、挑选规模适中的基金

不同规模的基金优劣势不同，如果规模较小，在货币市场利率下降的环境下，增量资金的持续进入将迅速摊薄货币型基金的投资收益，而规模大的基金不至于有这样的担忧。在货币市场利率上升的环境中，规模较小的基金则船小好转向，基金收益率会迅速上涨。综合各种因素，我们应该选择规模适中、操作能力强的货币型基金。

二、最好选时间长的老基金

对于货币型基金来说，它的认购费、申购费均为零。其他类型的基金不仅在募集期内认购需要收费，申购时收费则更高。所以，如此一来，新发行的货币型基金对于老的货币型基金完全没有手续费方面的优势。相反，新发行的基金，在发行期结束后，还会经历一个相对时间较长的建仓期，在短时间内收益率会很低。而老的货币型基金一般运作较为成熟，具有一定的投资经验，持有的高收益率品种较多。因此，我们选择一只成立时间长、业绩相对稳定的货币型基金是较为明智的选择。

三、尽量选取"T+0"基金

货币型基金的赎回到账时间有长也有短，多数为 T+1 或 T+2 个工作日，但也有一些基金公司与银行强强联手，对于自己旗下的某些货币型基金推行"T+0"快速赎回业务，只要我们提交货币型基金的赎回请求，资金会即时到账。如此一来，对于投资者而言，特别是善于投资，对资金流动性要求较高的理财高手来说，在选择货币型基金时，就必须懂得取舍。

四、选择便于转换的基金

很多基金公司不仅会推出货币型基金，而且还会推出股票型、债券型基金。他们为了更好地"套牢"客户，最大限度地避免自己的客户流失，往往会对自己旗下的货币型基金和其他基金的转换费率实行大幅优惠，特别是在转换时也会非常方便。而多数投资者在投资基金时，为获取最大收益，在原则上一般为在股市行情好时投资股票型、指数型风险较大的基金，而在股市行情不好的情况下则投资货币型安全性较高基金。因此，我们在选择基金时就应选择那些旗下有多类基金的基金公司的产品，如此一来在需要转换时不仅会减少转换成本，而且转换迅速。

五、考虑提供增值服务的基金

有一些基金公司，为了更好地满足客户的理财需求，他们会围绕公司旗下的货币型基金的特点，推出一些功能实用的特色增值服务。如某基金公司推出了基金自动赎回业务，投资者在其直销平台只要选择定期定额赎回功能，便可用以每月定期偿还房贷、车贷等。

又如另一基金公司推出的"钱袋子"服务，可以自动将其旗下的货币型基金定期定额转换为股票或者债券型基金，也就是利用货币型基金进行股票型基金、债券型基金的定投业务。如果投资者不想让自己整天惦记着还款、定投，同时又不想让自己的资金提前"躺"在活期账户上，只享受活期储蓄存款利率，在选择投资货币型基金时，不妨考虑这些基金公司的货币型基金，并实时开通这些公司提供的增值服务。这样，就会让自己的货币型基金理财方式获得更多"实惠"。

债券型基金也需要投资技巧

债券型基金出现得比较晚，在 20 世纪 70 年代之前是没有人运作债券型基金的，人们只是买固定的各种债券，定期收取利息而已。但随着经济的发展，进入 70 年代，比尔·格罗斯和其他一些人开始尝试运作债券型基金，并且逐渐在拓开一个巨大的市场。

随着债券市场规模不断扩大，债券品种增多，为债券型基金的发展创造了良好的客观条件。中国第一只债券基金是在 2002 年 9 月 19 日由南方基金管理公司发起设立的南方宝元债券型基金，这是一只主要以债券投资为主，同时又少量投资股票的基金。

有些投资者可能认为债券型基金只投资于债券，其实不然，债券型基金也可以有一小部分资金投资于股票市场，另外，投资于可转债和打新股也是债券型基金获得收益的重要渠道。

可转债在过去几年里一直被划分在股票的投资范围内，也被划分在债券范围中。可转债全称为可转换公司债券，就是指在一定条件下可以被转换成公司股票的债券。可转债具有债权和期权的双重属性，其持有人可以选择持有债券到期，获取公司还本付息；也可以选择在约定的时间内转换成股票，享受股利分配或资本增值。所以投资界一般戏称，可转债对投资者而言是保证本金的股票。债券基金在债券投资方面一般包括普通债券和可转债。普通债券包括国债、金融债、企业债、央行票据和回购等其他一些货币市场的投资品种。可转债因为可以转换成股票，其价格变化和对应正股有一定关系，但它受债性保护，下跌风险是有限的，上涨没有限制，这类资产收益风险配比比较好，是一类很有优势的资产。

另外，一部分债券型基金用相当一部分的资金进行"打新股"，并且在新股上市后还可以继续持有股票一定期限。债券型基金中有一部分其实已经"变质"，与其说是债券型基金，不如说是打新股型基金。

债券型基金是一个风险和收益相对较低的投资品种，因此适合那些希望获得较为稳定的投资回报而不愿过多承担市场风险的投资者。当然，债券型基金并非完全没有风险，有时候其投资风险也相当高，因此投资者需要掌握一些基本的投资技巧。

一、把握好投资债券型基金的时机

债券型基金主要投资于债券，因此选择债券型基金很大程度上要分析债券市场的风险和收益情况。一般来说，股票市场表现不佳，大盘下跌，宏观经济低迷，市场利率持续下行的市场环境之下，债券市场会渐渐呈现出火爆的情形，这时候比较适合投资债券型基金。反之，如果经济处于上升阶段，利率趋于上调，那么这时债券市场投资风险加大，尤其是在债券利率属于历史低点时，就更要慎重。总之，利率的走势对于债券市场影响最大，在利率上升或具有上升预期时不宜购买债券型基金。

二、根据自己的风险承受能力选择债券型基金

我们应根据自己的风险承受能力选择基金。债券型基金根据其风险性从高到低进行排列，依次是可转债基金、二级债券基金、一级债券基金以及纯债基金。一般情况下，可转债基金在可转化债券的配置上都比较积极，均在 90% 以上，最高甚至出现 180% 的情况。可转换债券的收益水平高于普通债券，加上对股票的积极配置，转债类债券型基金收益风险水平明显高于纯债类与一级债券基金、二级债券基金。所以，对于风险承受能力较小的投资人来说，可以关注纯债基金、一级债券基金等，对风险承受能力较强的投资人可关注二级债券基金和可转债基金。

三、尽量坚持长期投资

债券型基金是长期投资的基金理财产品，尤其是在债市后市乐观的情况下，长期持有才能够获得更多的收益。短期的赎回及转换操作除了增加手续费用、降低收益之外，没有任何作用。建议投资人长期持有债券基金的时间在一年以上。虽然债券基金比较稳定，很难出现类似股票型基金的起伏情况，然后大量亏损；但是投资人也不能只顾着长期投资，而一味地放长期限，在投资之初就应给自

已设置好止盈点。这里长期投资需要投资人观察基金经理的操作水平是否在自己的预期收益范围之内，投资产品在同类基金之中发展情况是否较好。如果不是，趁早放弃转换基金也是一种不错的选择。

适合分散投资的混合型基金

混合型基金是一种同时投资于股票和债券等多种资产的基金，可以实现较好的风险控制和收益稳定性。对于想要分散投资的投资者来说，选择几只混合型基金可以降低单一基金的风险，提高整体投资组合的稳定性。但是，在选择混合型基金时，我们需要注意以下几点：

一、投资策略

混合型基金的投资策略会影响基金的风险和收益。我们应该选择符合自己风险偏好和收益预期的混合型基金。比如，一些混合型基金属于偏股，风险相对较高，但收益也可能较高；而一些混合型基金属于偏债，风险相对较低，但收益也可能较低。

二、选择具有成长性的基金

混合型基金主要分为偏股型、偏债型和平衡型。我们可以根据自己的风险偏好选择合适的基金类型，但无论是哪种类型的混合基金，都应该选择具有成长性的基金，可以通过查看基金过去三年的业绩表现来评估其成长性。

三、管理团队

基金公司的整体业绩依靠的是整个基金管理团队，只有稳定的基金管理团队才能推进基金公司业绩。我们应该选择管理团队专业、经验丰富、稳定性较好的混合型基金。可以通过查看基金经理的历史表现、研究团队的投资能力和研究水平等方面的信息，来评估管理团队的能力和稳定性。

四、分散投资

分散投资可以降低单只基金的风险，同时提高整个投资组合的稳定性。我们可以选择几只不同类型、不同行业、不同地区的混合型基金进行投资，从而实现更好的分散投资效果。但是，也需要注意不要过度分散，以免影响投资效果。

五、注意基金费用

基金费用会影响基金的实际收益。我们应该选择费用相对较低、透明度相对较高的混合型基金，从而获得更高的实际收益。同时，也需要注意费用的构成，包括管理费、托管费和销售服务费等各项费用。

六、定期关注基金表现

投资混合型基金前，要先了解其基金公司以往的整体业绩如何，而不能只看该基金公司旗下的某一支基金管理团队的业绩。基金公司的整体业绩乐观才能证明其投资团队的专业度高和判断力强。投资人可以定期查看基金的净值、收益率、风险指标等，同时也可以关注基金经理的调仓行为。

总之，选择混合型基金进行分散投资，需要注意投资策略、基金费用、管理团队和分散投资等因素。我们应该结合自己的投资需求和风险承受能力，选择适合自己的混合型基金，从而获得长期稳定的投资收益。

高风险高回报的股票型基金

随着 2015 年 8 月 8 日股票型基金仓位新规的生效，所谓股票型基金，是指股票型基金的股票仓位不能低于 80%。

股票型基金具有流动性强、变现性高的特点。股票型基金的投资对象是流动性极好的股票，基金资产质量高、变现容易。与其他基金相比，股票型基金的投资对象具有多样性，投资目的也具有多样性。

与投资者直接投资于股票市场相比，股票型基金具有分散风险、费用较低等特点。对一般投资者而言，个人资本毕竟是有限的，难以通过分散投资种类而降低投资风险。但若投资于股票型基金，投资者不仅可以分享各类股票的收益，而且也可以通过投资于股票型基金而将风险分散于各类股票上，大大降低了投资风险。此外，投资者投资了股票型基金，还可以享受基金大额投资在成本上的相对优势，降低投资成本，提高投资效益，获得规模效益的好处。

对我们投资者来说，股票型基金经营稳定、收益可观。一般来说，股票型基金的风险比股票投资的风险低，因而收益较稳定。不仅如此，封闭式股票型基金上市后，在交易所交易获得买卖差价金期满后，投资者还享有分配剩余资产的权利。

股票型基金投资的高回报是吸引我们购买的重要因素，但并不是所有的投资都会成功。投资股票型基金是有一定技巧的。

一、理性看待大盘

基金作为一种专家理财产品，其主要职能是起到分散投资的目的。大盘反弹一定程度上代表了指标股的反弹，并非能够带动所有股票的上涨，也就难以促进所有基金净值的增长。因此，单纯依照大盘的表现购买股票型基金的理解也是不全面的。

二、看投资标的物的走势

标的物的走势会影响基金的走势，当股票型基金的标的物处于上涨初期，会带动股票型基金上涨，当标的物处于上涨末期，或者下跌过程，则会导致股票型基金下跌，因此，我们可以考虑在标的物上涨过程中买入一些股票型基金，在上涨末端，或者下跌过程中卖出股票型基金。

三、避免过度频繁操作

大多数投资者喜欢用波段投资法反复操作，以获取短期收益。但是，基金并不是一个适合频繁操作的投资工具。我们可以选择定投基金，有效降低平均成本，有序进行长期投资，这是解决金融危机的有效途径。

四、分批买入

股票型基金一次性买入的风险是比较大的，相当于把风险集中了。投资者可以考虑分批买入，比如说：把资金分成三部分买入，这样在一定程度上可以分散风险，如果基金行情不好，出现了比较严重的亏损的情况，后面就不要继续投入，可以考虑止损赎回。

五、及时止损

我们在选择股票型基金进行投资时，要时刻关注其走势是否与我们的预期一致，符合度是否高。如果不一样，你要思考自己最初的投资判断是否出现了严重失误，及时止损，避免错误越来越大。比如我们看好一只基金，投资一段时间后，我们发现很多相关主题基金根本没有跑赢大盘，甚至被大盘远远甩在后面。我们应该思考其中的原因。如果市场走势和相关政策证明你的判断严重偏离大环境，你应该及时卖出止损，改变投资方向。

第 8 章

只有大行情你才有机会——期货投资

　　期货投资者能够盈利并且能够轻松盈利，一定是顺势交易，并且一定是在顺应大趋势的前提下捕捉到获利的机会。因此，对于大多数期货投资者来说，真正能够让他们赚钱的，只有抓住机会。只有把握住大行情和大机会，才可以赚到大钱。

让人着迷的期货市场

期货，英文名是 Futures，与现货完全不同，现货是实实在在可以交易的货（商品），期货主要不是货，而是以某种大宗产品如棉花、大豆、石油等及金融资产如股票、债券等为标物的标准化可交易合约。因此，这个标的物可以是某种商品（例如黄金、原油、农产品），也可以是金融工具。

期货市场最早萌芽于欧洲。早在古希腊和古罗马时期，就出现过中央交易场所、大宗易货交易场所，以及带有期货贸易性质的交易活动。最初的现货远期交易是双方口头承诺在某一时间交收一定数量的商品，后来随着交易范围的扩大，口头承诺逐渐被买卖契约代替。这种契约行为日益复杂化，需要有中间人担保，以便监督买卖双方按期交货和付款，于是 1571 年伦敦便出现了世界上第一家商品远期合同交易所——皇家交易所。为了适应商品经济的不断发展，改进运输与储存条件，为会员提供信息，1848 年，82 位商人发起组织了芝加哥期货交易所（CBOT）；1851 年，芝加哥期货交易所引进远期合同；1865 年，芝加哥谷物交易所推出了一种被称为"期货合约"的标准化协议，取代原先沿用的远期合同。这种标准化合约，允许合约转手买卖，并逐步完善了保证金制度，于是一种专门买卖标准化合约的期货市场形成了，期货成为投资者的一种投资理财工具。

20 世纪 90 年代，我国的现代期货交易所应运而生。我国有上海期货交易所、大连商品交易所、郑州商品交易所和中国金融期货交易所四家期货交易所，其上市期货品种的价格变化对国内外相关行业产生了深远的影响。

期货主要有商品期货和金融期货两大类。

商品期货又分工业品［可细分为金属商品（贵金属与非贵金属商品）、能源商品］、农产品、其他商品等。

农产品期货：如大豆、豆油、豆粕、籼稻、小麦、玉米、棉花、白糖、咖啡、猪腩、菜籽油、棕榈油等。

金属期货：如铜、铝、锡、铅、锌、镍、黄金、白银、螺纹钢、线材等。

能源期货：如原油（塑料、PTA、PVC）、汽油（甲醇）、燃料油。新兴品种包括气温、二氧化碳排放配额、天然橡胶等。

金融期货主要是传统的金融商品（工具）如股指、利率、汇率等，各类期货交易包括期权交易等。

股指期货：如英国 FTSE 指数、德国 DAX 指数、东京日经平均指数、香港恒生指数、沪深 300 指数等。

利率期货：利率期货是指以债券类证券为标的物的期货合约，它可以避免利率波动所引起的证券价格变动的风险。利率期货一般可分为短期利率期货和长期利率期货，前者大多以银行同业拆借中场 3 月期利率为标的物、后者大多以 5 年期以上长期债券为标的物。

外汇期货又称为货币期货，是一种在最终交易日按照当时的汇率将一种货币兑换成另外一种货币的期货合约。是指以汇率为标的物的期货合约，用来规避汇率风险。它是金融期货中最早出现的品种。

贵金属期货：主要以黄金、白银为标的物的期货合约。

期货交易是一种特殊的交易方式，有不同于其他交易的鲜明特点。

一、合约标准化

期货交易是通过买卖期货合约进行的，而期货合约是标准化的。期货合约标准化指的是除价格外，期货合约的所有条款都是预先由期货交易所规定好的，具有标准化的特点。期货合约标准化给期货交易带来极大便利，交易双方不需对交易的具体条款进行协商，节约交易时间，减少交易纠纷。

二、交易集中化

期货交易必须在期货交易所内进行。期货交易所实行会员制，只有会员才能进场交易。那些处在场外的广大客户若想参与期货交易，只能委托期货经纪公司代理交易。所以，期货市场是一个高度组织化的市场，并且实行严格的管理制度，期货交易最终在期货交易所内集中完成。

三、双向交易和对冲机制

双向交易，也就是期货交易者既可以买入期货合约作为期货交易的开端，也可以卖出期货合约作为交易的开端（称为卖出建仓），也就是通常所说的"买空卖空"。与双向交易的特点相联系的还有对冲机制，在期货交易中大多数交易并不是通过合约到期时进行实物

交割来履行合约，而是通过与建仓时的交易方向相反的交易来解除
履约责任。具体说就是买入建仓之后可以通过卖出相同合约的方式
解除履约责任，卖出建仓后可以通过买入相同合约的方式解除履约
责任。期货交易的双向交易和对冲机制的特点，吸引了大量投资者
参与交易，因为在期货市场上，投资者有双重的获利机会，期货价
格上升时，可以低买高卖来获利，价格下降时，可以通过高卖低买
来获利，并且投资者可以通过对冲机制免除进行实物交割的麻烦，
投资者的参与大大增加了期货市场的流动性。

四、杠杆机制

期货交易实行保证金制度，也就是说交易者在进行期货交易时
只需缴纳少量的保证金（一般为成交合约价值），就能完成数倍乃至
数十倍的合约交易，期货交易的这种特点吸引了大量投资者参与期
货交易。期货交易具有的以少量资金就可以进行较大价值额投资的
特点，被形象地称为"杠杆机制"。期货交易的杠杆机制使期货交易
具有高收益高风险的特点。

期货交易的风险是客观存在的，并且由于其交易特点，风险被
放大。我们在期货交易中面临着比现货交易、其他金融产品交易更
高的风险。期货实行保证金制度，也属于信用担保交易的一种。期
货是一种加杠杆的投资方式，杠杆比例一般是在 10 倍左右，如果市
场价赚 10%，盈利翻倍，反之，则可能本金都赔光。可见，期货投
资风险较大，但收益也高，是一个让人着迷的投资品种。

总之，在期货交易中，我们应充分了解并评估各种风险因素，
以做出明智的投资决策。同时，我们应不断提高自身素质和知识水

平，积累经验并掌握正确的操作方法，以降低因自身因素导致的风险。

学会不交易，你才能会交易

对于广大期货交易者来说，交易的烦恼无处不在，亏损时痛苦不堪，盈利时又忐忑不安，患得患失的心态贯穿于整个交易过程。无论亏损还是盈利，很多时候其实都是我们的贪念在作祟。无论什么行情都在不停地交易；不论时机是否成熟先大肆买入、生怕错失了自我想象中的所谓大行情；不论行情能否持续，一味追求过高的目标，导致盈利转亏损出局；等等。

所谓君子爱财、取之有道，追求财富本无可厚非，但一定要找到正确的方式方法。在不断地做出各种选择时，不要一味地贪多贪大，反而要懂得有所放弃，并做到专注、精进以至极致，方能成就我们的交易之道。

面对行情的波澜起伏，首先要学会放弃一些不能做的行情，有必要给自己制定一套简单的规则，只在行情进入规则内时，才把它纳入自己的交易池子重点跟踪。这样就能在纷繁杂乱的行情中，做到有目的有重点的盯盘，把有限的精力集中到自己想要捕捉的行情上面。做到不属于交易规则的行情不看，不符合自己模式的机会不做，勇于放弃那些看似诱人、却不在自己认知范围内的波动。

利弗莫尔说过："一位成功的交易者必须像一位成功的商人，能够正确地预见未来的需求，适时进货，并耐心地等待盈利的时刻"，这里的"适时"绝不是凭自己的预测进场。期货操作不是娱乐，不是寻求刺激，而是一项严肃的工作！耐心是一项重要的技巧，心浮气躁，或心存杂念，都容易引出错误的决定。成功的投资者都有保持入市时心境平静的方法，并懂得在无法压抑波动的情绪时离场。成功的期货交易者必须要全神贯注，集中精神地观察市场的每个变化，方能做出恰当的决定，在市场内获利。

利弗莫尔是一位传奇的股票投资家，也是一位有争议的市场操纵者。他曾经凭借自己的智慧和勇气，在1929年美股大崩盘中赚取了上亿美元的利润，但也因为自己的错误和贪婪，最终在1940年自杀身亡。他的生平和交易经验被记录在了《股票大作手回忆录》和《股票大作手操盘术》等经典书籍中，为后世的投资者提供了宝贵的启示和教训。

利弗莫尔认为，关键点是投资者应该密切关注和利用的机会点，因为它们可以帮助投资者抓住市场的主流趋势，避免逆势操作，从而获得最大的利润。

他将关键点分为两类：主要关键点和次要关键点。主要关键点是指那些具有长期影响力的转折点或者突破点，它们标志着市场从牛市转向熊市，或者从熊市转向牛市。次要关键点是指那些具有短期影响力的转折点或者突破点，它们标志着市场在主要趋势内出现了反弹或者回调。利弗莫尔认为，主要关键点更适合于长线投资者，而次要关键点更适合于短线投资者。

利弗莫尔认为，等待关键点再入场是一种保守而稳妥的交易策略，它可以帮助投资者避免很多不必要的损失和风险，也可以帮助投资者提高交易效率和成功率。具体来说，等待关键点再入场有以下几个好处：

可以避免过早入场或者过晚入场。过早入场可能会导致被套牢或者被割韭菜；过晚入场可能会错过最佳时机或者被追高杀跌。等待关键点再入场就是投资者在市场给出明确信号之后再行动，从而避免盲目冲动或者犹豫不决。

可以避免频繁交易或者无谓交易。频繁交易或者无谓交易可能会导致交易成本增加或者交易信号混乱；等待关键点再入场就是投资者在市场出现重要变化之后再行动，从而避免无效操作或者无效波动。

可以避免逆势操作或者顺势操作。逆势操作可能会导致与市场对抗或者与市场脱节；顺势操作可能会导致随波逐流或者随大溜。等待关键点再入场就是投资者在市场确立趋势之后再行动，从而避免逆市场而动或者盲从市场。

利弗莫尔认为，判断关键点的方法有很多，但最重要的是要结合自己的经验和判断，而不是盲目地依赖别人的意见或者数据。他自己主要使用了以下几种方法来判断关键点：

一、使用价格走势图

利弗莫尔是一个技术分析的高手，他善于利用价格走势图来分析市场的动态和趋势。他认为，价格走势图可以反映出市场的供需关系，也可以显示出市场的心理状态。他通过观察价格走势图上的形态、趋势线、支撑位、阻力位、突破点等，来判断市场是否出现了关键点。

二、使用成交量指标

利弗莫尔也是一个成交量分析的高手，他善于利用成交量指标来衡量市场的活跃度和力度。他认为，成交量指标可以反映出市场的参与程度，也可以显示出市场的信心水平。他通过观察成交量指标与价格走势的关系，来判断市场是否出现了关键点。

三、使用新闻事件

利弗莫尔虽然不是一个基本面分析的高手，但他也不忽视新闻事件对市场的影响。他认为，新闻事件可以反映出市场的信息流动，也可以显示出市场的预期变化。他通过观察新闻事件对市场情绪和价格走势的影响，来判断市场是否出现了关键点。

进场交易就像农民种地一样，你想播种就要耐心等待合适的季节，如果不到时间或者错过最佳的时机，就要耐心等待下一个机会。不交易也是一种交易，从某种意义上说，它比交易本身更加重要，不交易不是拖沓散漫，不交易不是任性妄为，而是像狙击手一样，耐心等待对手出现致命的错误，一击必杀。

交易是一场等待的游戏，耐心是一项重要的技巧。在等待的过程中，我们可以积极收集市场信息，分析市场走势，为将来的交易做好准备。当机会出现时，才能及时抓住机遇，实现盈利。

期货市场的"安全边际"

所谓的"安全边际",就是凡事给自己留有余地,避免自己陷入无所适从的境地。

生活需要"安全边际",这很好理解。缺乏安全感似乎是人之常情,我们总在追求一些可以带来安稳的确定性。举个例子,假如导航的预估时间是 30 分钟,但为了避免迟到,我们可能也会选择提前40 分钟出发。

投资也需要"安全边际"。对于这一点相信对价值投资有所了解的朋友早就不陌生了,这是由巴菲特的老师——格雷厄姆所提出的。

所谓安全边际,即市场价格和评估价值的明显差别,也是投资能够取得成功的基石。当价格低于价值的差额越大,安全边际也越大。因此,像格雷厄姆、巴菲特这样的投资大佬更加建议投资人能够以较低的价格购买到良好的标的;若购买价格大大低于评估价值,这样较大的安全边际就能够保证投资者在较长的一段时间中获利。

格雷厄姆认为,如果你已经从事实中得出一个结论,并且你知道你的判断是正确的,那就按照它行动,即使其他人可能怀疑或有不同意见。他的安全边际学说是建立在一些特定的假设基础上的,他认为股票的内在价值与外在价格之所以会出现不合理差值的原因,很大程度上是由于人们的恐惧和贪婪影响了市场变化。当市场过于乐观时，贪婪促使股票价格高于价值，造成个股被高估；而在市场预期极度悲观的时候，由于风险的暴露，恐慌情绪又使股票价格低于其内在价值，从而形成低估的市场。格雷厄姆提醒投资者，市场是一个理性和感性的杂糅体，它的每次表现并不都是正确的，因此需要投资人理性判断，耐心等待，等待市场纠错的时机。

巴菲特经过不断地思考探索，将安全边际继续拓展，他认为安全边际不仅仅由低廉的价格所提供，更多来自企业本身。有长期的竞争优势、良好的商誉、低成本的结构，以股东利益为先的管理层等的企业会带来更大的安全边际。

我们寻求安全边际，就是为了在发生回撤的情况下也能保证本金不会发生永久性损失。巴菲特将安全边际比作一条"护城河"，你的投资标的如果也有这样一条"护城河"存在，那么你的本金在很大程度上都是安全的。

期货交易中存在两种安全边际：一种是从基差角度去寻找交易的安全边际，另一种是从虚实盘比的角度去寻找安全边际。

一、从基差的角度寻找安全边际

对于近月临近交割的主力合约，期货贴水的品种不宜做空，期货升水的品种不宜做多，这就是交易的安全边际。在期货贴水的情况下，尤其是对于近月临近交割的合约，如果你选择做空的话，是没有安全边际的，因为你做对了赚钱少，做错了亏钱多，所以从基差角度来讲，近月合约临近交割，期货贴水不做空！相反，这种情况下更适合做多，做错了的情况下，损失较小，做对了的情况下，盈利较大，盈亏比非常大。

同样的道理，从基差的角度来讲，对于近月临近交割的主力合约，期货升水的品种不宜做多，这就是交易的安全边际。在这种情况下，如果你选择做多期货主力合约，假设你做对了，最终是以现货上涨的方式来完成基差修复。但如果你判断错误，最终是以期货下跌的方式来完成基差的修复。

所以，从上面的比较结果来看，期货升水的情况下，尤其是对于近月临近交割的合约，如果你选择做多的话，是没有安全边际的，因为你做对了赚钱少，做错了亏钱多，这显然不是很明智的选择，所以从基差角度来讲，近月合约临近交割，期货升水不做多！相反，这种情况下更适合做空，因为做空的情况与做多恰好相反，做错了损失小，做对了盈利大，盈亏比十分理想。

二、从虚实盘比角度寻找安全边际

从虚实盘比的角度来讲，对于近月临近交割的主力合约，虚实盘比大的品种不宜做空，这也是交易的安全边际。虚实盘比大说明钱多但是货少，这个时候就容易出现逼仓行情，即多逼空，在这种情况下，空头往往会损失惨重，在发生逼仓的情况下，期货现价最终有可能不会修复，而可能是期货升水交割，即期货价格大幅高于现货价格。

历史上发生过好多次逼仓事件，基本上都是在期货贴水、虚实盘比较大的情况下发生的，所以只要你能够遵循我所总结的这两条安全边际，基本上你就不会在逼仓行情中遭遇重大损失，相反，你还可以利用逼仓行情来大赚一笔，当然，我还是希望交易者能够记住这一点：近月合约，临近交割，虚实盘比较大，坚决不做空！

同样的道理，对于近月临近交割的主力合约，虚实盘比小的品种不宜做多，这也是交易的安全边际。虚实盘比小说明的问题是钱少但是货多，这个时候就容易出现交仓行情，即空逼多，在这种情况下，多头往往会损失惨重，在发生交仓的情况下，期货现价最终有可能不修复，而可能是期货贴水交割，即期货价格大幅低于现货价格。

价值投资需要投资者时时自律，如此才能以非常划算的价格买到实际价值远高于此的股票，并且能一直抓着不卖，直到其价值被更多地认可。"划算"是整个过程的关键。考虑到在这个复杂、无法预测又变换迅速的世界里，人人都有可能犯错、运气不好，还可能遭遇激烈的市场波动等因素，当你能够以远低于一只股票真实价值的价格买它的时候，你就算是有了安全边际了。格雷厄姆说过："安全边际的大小取决于你付的钱。任何一个股票，假设某一个价位时安全边际很大，再高一点的时候就变小了，再高一点，就没有安全边际了。"投资者需要安全边际，这样才有空间承受长时间累计下来估值不准、运气不好或者分析错误所带来的损失。安全边际是必须的，因为估值是一项艺术，没法精准；未来是无法预测的；投资者也是人，是人就会犯错误。

跨期套利

跨期套利是套利交易中最普遍的一种。跨期套利是指在同一市场（交易所）同时买入、卖出同一期货品种的不同交割月份的期货合约，以期在有利时机将这些期货合约对冲平仓交割。跨期与现货市场价格无关，只与期货可能发生的升水和贴水有关。在实际操作中，根据套利者对不同合约月份中近月份合约与远月份合约买卖方向的不同，跨期套利可分为牛市套利、熊市套利和蝶式套利。

一、牛市套利

当市场出现供给不足、需求旺盛或者远期供给相对旺盛的情形，导致较近月份合约价格上涨幅度大于较远月份合约价格的上涨幅度，或者较近月份合约价格的下降幅度小于较远月份合约价格的下跌幅度。在这种情况下，无论是正向市场还是反向市场，买入较近月份的合约同时卖出较远月份的合约进行套利，盈利的可能性比较大，我们称这种套利为牛市套利。适用于牛市套利的品种一般为可储存的商品，如小麦、棉花、大豆、铜等。进行牛市套利时，即使预测失误、价格趋势不涨反跌，由于近期期货价格最多下降到零，亏损是有限的。因此，从理论上讲，牛市套利是一种风险有限的套期图利。

二、熊市套利

熊市套利与牛市套利正好相反，指当市场供给过大，而需求不足的情形。一般来说，较近月份的合约价格下降幅度要大于较远月份合约价格的下降幅度，或者较近月份的合约价格上升的幅度小于较远月份合约价格的上涨幅度。在这种情况下，无论是正向市场还是反向市场，卖出较近月份的合约同时买入较远月份的合约进行套利，盈利的可能性比较大。在进行熊市套利时需要注意，当较近月份合约的价格已经相当低，以至于不可能进一步偏离较远月份合约时，进行熊市套利时很难获利。

三、蝶式套利

蝶式套利是跨期套利中的又一种常见形式。蝶式套利可视作是牛式套利和熊市套利的叠加组合，它是利用三个不同交割月份合约的价差进行套期图利，由两个方向相反、共享居中交割月份合约的跨期套利组成。交易者利用中间月份的期货合约价格与两旁交割月份的期货合约价格之间的相互关系的差异变动套取利润。由于较近月份和较远月份的期货合约分别处于居中月份的两侧，形同蝴蝶的两个翅膀，故称之为蝶式套利。

其操作手法有：

1.买入较近月份合约，同时卖出居中月份合约，再同时买入较远月份合约，其中居中月份合约的数量为近月与远月合约数量之和，相当于一个牛市套利与熊市套利的组合。

2.卖出较近月份合约，同时买入居中月份合约，再同时卖出较远月份合约，其中居中月份合约的数量为近月与远月合约数量之和，相当于一个熊市套利与牛市套利的组合。

蝶式套利是两个跨期套利的互补平衡的组合，是同种期货品种多个不同月份合约之间的套利交易，居中月份的期货合约是套利的核心和纽带，其合约数量上等于两旁月份合约之和。

做好跨期套利交易，首先要明白同商品合约间价差因何产生波动和回归。主要包括以下因素：

1. 供应因素：由于工业品产能投放进度和农产品的不同作物年度供应松紧情况导致近远期价差变动。如典型的牛市升水和熊市贴水排列。

2. 资金因素：资金对目标合约的集中偏好会导致价差出现波动，如移仓、挤仓等行为。

3. 季节性因素：由于商品生产、贸易和消费过程中呈现出的季节性特点，导致合约间价格出现强弱差异。比如，农产品的季产年销；有色金属的季节性采购；原油淡旺季消费差异；建材淡旺季开工特点等。

4. 规则因素：交易所在交割仓单方面的规定会导致某一时点前后合约价差波动，比如，橡胶、塑料规定的仓单有效期前后合约。另外，交易所调整规则也会让生效时点前后合约产生波动。比如，商品基准交割地调整，会导致相邻合约价格出现明显差异。

5. 政策因素：由于政策调整对不同时期商品影响存在差异，导致不同合约价差出现波动。比如，大豆、棉花直补政策调整形成了新旧作物价格大幅波动。此外，国际间贸易政策变化也会导致近远月合约价格波动出现差异。如贸易保护、经济制裁等。

6. 成本因素：持仓成本对近远月合约价差有波动限制，即远月价格大幅高于近月价格可能导致价差回归。如有色金属合约价差波动就容易受持仓成本限制。

7. 预期因素：投资者对经济发展和物价走向的预期也会导致价差出现波动。当市场接收到一则利好消息时，投资者通常会对这些信息做出积极的反应。这种情况下，投资者往往会增加对相关期货合约的需求，导致合约价值上涨。相反，当市场接收到一则利空消息，投资者通常会对这些信息做出消极的反应。这种情况下，投资者往往会减少对相关期货合约的需求，导致合约价值下跌。

所有交易都是有风险的，跨期套利的主要风险有以下几点：

一、单边市场导致的交易风险

根据历史数据的统计，套利机会在大多数情况下是有利可图的。但当出现单边行情时，之前的历史数据就会失去参考价值，此时套利也有很大风险。

二、买入套利要注意交割风险

当市场出现买入套利机会时，投资者进场，如果价差缩小，当然可以实现双向对冲，获利出局。但如果两者价差继续扩大，不得不通过交割来完成套利操作，就会有相应的风险。投资者在近月交割完毕，拿到现货后，在远月卖出合约，涉及保证金占用资金利息、交割货款利息、交易手续费、仓储费及损耗、交割费、增值税等。其中增值税是最大的不确定因素。如果期货远月合约继续大幅上涨，增值税的支出很可能会继续增加，吞噬原本就不多的预期利润，甚至可能导致套利损失。

三、注意卖出套利的周期一致性风险

套利合约是否处于同一个生产消费周期，对套利能否实现预期收益影响很大，尤其是在农产品跨期套利中。因为农产品有一定的增长和消费周期，在同一个增长和消费周期内，由于天气、气候等因素的变化，差别不大，它们之间有很强的联动性。但对于生长和消费周期不同的品种，卖出套利，看似时间差不远，但实际上这两个合约涉及的是不同的生长年份。一旦涉及实物交割，就会增加卖出套利的风险。

跨市套利

跨市套利也被称为跨市场套利，可从广义和狭义上理解。广义的跨市场套利包括跨境套利和国内的跨市场套利，而狭义的跨市场套利仅指投资者在境内不同交易所之间的套利交易行为，当同一期货商品合约在两个或更多的交易所进行交易时，由于区域间的地理差别，各商品合约间存在一定的价差关系。

跨市场套利交易风险相对较小，利润也相对稳定。所以，跨市场套利是一种适合于具有一定资金规模的机构投资者，或追求稳健收益的投资者的一种期货投资方式，不过跨市场套利有三个前提：交易标的物品级相同或相近、交易标的物有足够高的价格相关性、交易标的物可以在两个市场自由流通。

一般来说，跨市场交易有以下五个特点：

一、低成本

进行商品跨市场套利需要在内外盘两个交易所交易，分别缴纳保证金，因为外盘的保证金率通常明显低于内盘，提供了更高的杠杆，总共所需的投资额也只占商品价格的很小一部分。

二、商品相同或相近

为了确保价格相关性，投资者必须选择同一商品或品级足够接近的商品进行套利。

三、不同的交易所

跨市场套利是利用不同交易所的期货或期权合约进行对冲交易，必须在一个交易所买入，在另一个交易所卖出，即投资者在两个不同的市场持有买卖方向不同的头寸。

四、价差获利

跨市场套利是利用不同交易所品种的价格变化来获取利润。当投资者买入时市场价格的涨幅超过卖出时市场价格的涨幅时，投资者买入时市场的利润超过卖出时市场的损失。一般来说，在这种情况下，投资者获得利润。

五、低风险

由于跨市场套利具有"对冲"特性，如果投资者在一个市场亏损了，可以用另一个市场的盈利来弥补，所以它的盈亏波动性很小，相对于投资来说风险相对较低。

相对于常规套利而言，跨市套利是一种更为复杂、也更为专业的套利方式。正是跨市套利本身所具有的复杂性和专业性，为跨市套利的策略制定、实施、监控和改进等提出了更高的要求。因此，有效和规范的方法和步骤就显得尤为重要。

一、机会识别

从成本的角度来讲，一般先对实物进出口费用进行比较，之后确定是否存在跨市套利机会。而从市场角度来讲，可对近三个月国内外各品种的价格走势、成交量、持仓量等数据进行分析，从中识别出可能存在的套利机会。其中主要是选取国内外各品种的价格指数，周期可分为1周、1个月、3个月、6个月、1年等，根据研究的具体需要进行选取。在对比分析历史数据表现（如1年）及近期数据的基础上，挖掘出具有内外套利机会的品种。

二、历史确认

这一步主要是要确认上述选中的内外套利品种的比值或者价差（一般选取比值），是否在某一区间内进行波动，也就是要观察假如进行相关套利操作，风险是否可控。在可能的情况下，应统计出比值波动的界限，也就是风险的上界和下界。

三、基本面分析

在数据分析的基础上，应注意结合基本面分析，以便为跨市场套利机会的捕捉和选择提供更好的依据和支持。

四、交易计划

完整的交易计划不仅包括建仓、止盈的计划，还应包括在价差出现不利方向运动时的风险处理预案。

虽然跨市套利是一种较为稳健的保值和投资方式，但依旧存在一定的风险。

一、比价（价差）统计稳定性

比价（价差）关系只在一定时间和空间内具备相对的稳定性，这种稳定性是建立在一定现实条件下的。一旦这种条件被打破，比如税率、汇率、贸易配额、远洋运输费用、生产工艺水平等外部因素的变化等，将有可能出现比价偏离均值后缺乏"回归性"的情况。比价（价差）研究往往是依据历史的比价关系来做出相应的统计、归纳和分析，这种方法是基于历史可以重复这一前提的。

二、市场风险

期货套利投资的市场风险主要是指在特定的市场环境下或时间范围内，套利合约价格的异常波动。处在这种市场情形之下的套利交易者如果不能及时采取应对措施，在交易所落实化解市场风险的措施过程中，被冲掉获利的方向的持仓，留下亏损的单向头寸，导致整个套利交易遭受重大损失的可能性也是存在的。

三、交易风险

交易风险一般是指投资者在套利头寸的建仓、平仓过程中发生的意外情况，尤其是在行情剧烈变化的情况下，价格起伏波动太快，一些原本空间不大的套利在开平仓时，随时都可能出现价格或者持仓数量的失误，导致整个套利操作的混乱，直接影响和改变该次套利投资的结果。

四、信用风险

由于国内禁止未经允许的境外期货交易，目前大多数企业只能采用各种变通形式通过注册地在香港或新加坡的小规模代理机构进行外盘操作，这种途径存在一定的信用风险。比如，有些企业虽与一些国外的正规代理机构签订外盘代理协议，但从法律角度看，这种协议的有效性仍存在疑问。外盘业务的正常开展及资金安全，主要依赖国外代理机构的信誉。又如，有些企业为了规避法律障碍，利用自己在境外拥有的海外关联企业名义，与国外代理机构签订代理协议，然后进行外盘操作。因此，涉及与外盘有关的套利操作，必须注意规避非交易性风险。

五、交易成本

交易成本是套利者需要考虑的另一个重要因素。在套利中，交易成本包括买卖期货合约的手续费，如果涉及实物交割，还需要支付交割手续费。有时候交易成本会非常高，即使套利成功了，交易成本也会蚕食掉相当比重的获利。

六、时间敞口风险

由于内外盘交易时间存在一定差异，因此很难实现同时下单的操作，时间敞口问题不可避免地存在着，加大了跨市套利的操作性风险。

七、政策性风险

政策性风险或称系统性风险，指国家对有关商品进出口政策的调整、关税及其他税收政策的大幅变动等，这些都可能导致跨市套利的条件发生重大改变，进而影响套利的最终效果。

跨商品套利

跨商品套利又称"跨品种套利"，是指利用两种不同的、但是相互关联的商品之间的期货价格的差异进行套利，即买入（卖出）某一交割月份某一商品的期货合约，而同时卖出（买入）另一种相同交割月份、另一关联商品的期货合约。一般来说，进行跨商品套利交易时所选择的两种商品大都是具有某种替代性或受同一供求因素制约的商品。

从定义中，我们知道，跨品种策略的两种商品期货之间要具备较强的相关性，根据相关性原理的不同，可以分为基本面套利和产业链套利。

一、基本面套利

基本面套利，是根据相关品种未来基本面强弱关系发生改变引起的价差变化。

由于替代性带来的较高相关性的品种之间，往往价差会处于一定范围内，比如，豆油、菜油、棕榈油、豆粕、菜粕、豆一、豆二、小麦、玉米等等，这些品种的用途或者驱动因素存在较高的相似性，当品种之间的相对价格（价格之差或价格之比）发生偏差时，某一种商品相比另一种商品的性价比会提升，这时，可以通过跨品种套利实现盈利，待价差收敛到一定合理范围，再平仓了结。

以螺纹钢和热轧卷板为例，两者均属于黑钢产品，原材料锻造成钢坯的过程均相同，只是从钢坯轧制成了不同形状特性的钢材。螺纹钢是方坯通过热轧形成的带肋钢筋；而热轧卷板是以板坯为原料，经加热后由粗轧机组及精轧机组制成的带钢。所以二者的原材料加工过程是基本相同的，有着共同的影响因素，导致二者的价格走势具有较强的相关性，根据 WIND 统计，两者的相关系数为 0.987。

价格是基本供求关系的直接体现，而价差关系则是各品种基本面强弱不同的直接反映。尽管螺纹钢和热轧卷板走势高度相关，但由于二者的下游消费领域不同，除了二者都会应用于基建外，螺纹钢消费更侧重于房地产建筑用钢，热轧卷板更侧重于汽车、船舶等用钢需求。投资者可以通过分析基本面情况构造多空组合，做多基本面相对强势品种，做空基本面相对弱势品种。

一、产业链套利

产业链套利，顾名思义，就是出于同一产业链上的各品种，因为受成本和利润约束，在一定程度上具备相关性，与替代性套利相比，这种相关性更加稳定。

常见的套利对：铁矿石、焦煤焦炭，螺纹钢做产业链套利；大豆、豆油、豆粕之间可以做压榨套利等。

这里以豆油和豆粕之间的套利为例，进行说明：

大豆和豆油处于同一产业链中，大豆作为豆油的原材料，其产量将影响豆油的产量即供给量。与此同时，豆油的需求及价格波动也影响到压榨厂的利润，进而影响大豆的需求量及价格。当压榨利润处于高位时，一方面油厂会加大压榨，豆油的供给增加压制价格，另一方面大豆的价格会上涨，从而压缩利润空间；当压榨利润处于低位时，一方面油厂会减少压榨，豆油的供给减少支撑价格，同时大豆价格也会降低从而使利润逐渐回升。如上所述，豆油产业链的利润具有明显的均值回归特征，投资者可据此构建套利组合。

在期货市场上单品种的行情容易受突发事件较大影响，通过跨品种套利，我们只需要承受相对较小变动的价差波动，收益和亏损不像单一品种容易大起大落，按照价差比价进行操作相对单品种更容易把握，我们在了解历史基差的前提下就能较好地操作，相对有效降低了风险。另外由于是双边持仓，也不容易被主力逼仓。

跨品种套利的优点很多，但也有一些注意事项：

一、品种的关联性

尽量找到有一定的关联性的两个品种，因为如果找的两个品种关联性不大，尽管这两个品种大方向都是期货向现货靠拢，但中间的过程并不是同步的，所以有时候会导致账户波动较大。

二、货值的匹配性

两个品种一手的货值差得最好别太大，如果货值差得太大，账户的波动主要取决于货值大的那个品种，比如，豆一和豆粕每手货值差别较小，但是豆油和豆粕每手的货值差别就大了。对于每手货值差别不大的，可以按照数量匹配去开仓，对每手货值差别较大的，最好是按照货值匹配来降低账户的风险。

三、注意市场结构

市场结构一般分为正向市场和反向市场，正向市场一般是现货供大于求，现货价格相对疲软，导致近月合约价格小于远月合约价格，所以随着时间的推移，正向市场远月合约会逐渐变成近月合约进行交割，最终的结果就是期货不断下跌向现货靠近修复基差。反向市场正好相反，是市场供不应求，近月合约价格大于远月价格，最终期货价格上涨向现货靠近修复基差，因此通过对市场结构的判断，我们可以选择做空正向市场，做多反向市场的哪个品种。

无论是单边还是套利，只要你不是无风险套利，都会存在一定的风险，交易这件事本身就是与风险打交道，不要盲目认为你做套利就一定比单边风险小，其实不然，有时候套利的风险比单边大多了，尤其是你套利的两条腿都做反了的情况下，损失比单边还大，当然你做对了的话，获利也比单边大。所以一定要做好风控，最好的风控是事前风控，而不是盘中被套之后，再去焦头烂额地想处理办法。

第 9 章

回报高风险也高——期权投资

期权投资是一种灵活性较高、手续简单、盈利模式多样化的金融衍生品。但期权投资也具有高风险性，需要投资者具备高度的风险意识和风险控制能力。只有在具备了经验和知识的基础上，才能做出更为理性的投资决策，保证期权投资的安全性和盈利性。

什么是期权

期权交易起始于 18 世纪后期的美国和欧洲市场。受制度不健全等因素影响，期权交易的发展一直受到抑制。19 世纪 20 年代早期，看跌期权 / 看涨期权自营商都是些职业期权交易者，他们在交易过程中，并不会连续不断地提出报价，而是仅当价格变化明显有利于他们时，才提出报价。这样的期权交易不具有普遍性，不便于转让，市场的流动性受到了很大限制，这种交易机制也因此受挫。

直到 1973 年 4 月 26 日芝加哥期权交易所（CBOE）开张，进行统一化和标准化的期权合约买卖，上述问题才得到解决。期权合约的有关条款，包括合约量、到期日、敲定价等都逐渐标准化。起初，只开出 16 只股票的看涨期权，很快，这个数字就成倍地增加，股票的看跌期权不久也挂牌交易。之后，美国商品期货交易委员会放松了对期权交易的限制，有意识地推出商品期权交易和金融期权交易。1983 年 1 月，芝加哥商业交易所提出了 S&P500 股票指数期权，纽约期货交易所也推出了纽约股票交易所股票指数期货期权交易，随着股票指数期货期权交易的成功，各交易所将期权交易迅速扩展至其他金融期货上。自期权出现至今，期权交易所已经遍布全世界。

国内首只期权上市经过一年多的模拟测试后，上证 50ETF 期权于 2015 年 2 月 9 日在上海证券交易所上市。这不仅宣告了中国期权时代的到来，也意味着我国已拥有全套主流金融衍生品。

期权投资是金融市场上比较复杂和高风险的一种投资方式。它的特点是投资人只需支付一定的权利金，便能够获得未来某一时间内购买或卖出某种股票、指数、商品或货币的权利。如果在期权到期时市场价格有利于投资人，投资人可以选择行使期权权利，从而获得更高的投资回报。如果在期权到期时市场价格不利于投资人，投资人可以选择放弃期权权利，只损失已经支付的权利金。

表9-1　期权的操作方向

	看涨（call）	看跌（put）
买入 / 认购（long）	买入看涨期权—看多	买入看跌期权—看空
卖出 / 认沽（short）	卖出看涨期权—看空	卖出看跌期权—看多

期权费（权利金）＝名义本金 × 期权费率

个股场外期权净收益＝名义本金 ×（股票波幅－期权费率）

个股场外期权杠杆倍数＝名义本金 / 期权费

期权的构成要素有：

一、期权的标志物

期权的标志物是指选择购买或出售的资产。它包括股票、政府债券、货币、股票指数、商品期货等。期权是这些标的物"衍生"的，因此称衍生金融工具。值得注意的是，期权出售人不一定拥有标的资产。期权是可以"卖空"的。期权购买人也不一定真的想购买资产标志物。因此，期权到期时双方不一定进行标的物的实物交割，而只需按价差补足价款即可。

二、行权价格

行权价格是指合约规定的期权的买方行使权利时买入或卖出标的资产的价格。

三、到期日

到期日是期权的最后有效日，是期权买方可以行权的最后日期。如果该期权只能在到期日执行，则称为欧式期权；如果该期权可以在到期日及之前的任何时间执行，则称为美式期权。

四、行权时间

行权时间是合约规定的可以行使权利的时间。例如美式期权的行权时间为到期日前的任意一个交易日，欧式期权的行权时间则只有到期日那一天。

五、交割方式

期权的交割方式有实物交割和现金交割两种。如果某一期权的交割方式是实物交割，那么在交割时，期权行权双方需进行资金和现货的交割。如果某一期权的交割方式是现金交割，那么在交割时，期权买方将按照约定向期权卖方支付行权价格与标的证券结算价格之间的差额。

六、期权金（权利金）

期权金即买卖期权合约的价格，是唯一的变量，其他要素都是标准化的。期权金是期权的买方为获取期权合约所赋予的权利而必须支付给卖方的费用，金额取决于行权价格、到期时间以及整个期权合约。对期权的卖方来说，期权金是卖出期权的报酬，也就是期权交易的成交价。

表9-2　期权费率影响因素

标的	不同标的期权费率不同
期限	期限越长，期权费率越高
结构	从虚值到平值再到实值，实值程度越高，期权费率越高
方向	同一标的看涨、看跌方向不同，期权费率一般不同
名义本金	当额度充裕时，名义本金越高期权费率越低；当额度不充裕时，名义本金越高期权费率越高

按照不同的方式，期权可以分为认购期权、认沽期权、欧式期权、美式期权、场内期权、场外期权、现货期权、期货期权这几种分法。

认购期权/认沽期权。他们在商品期权中也叫作看涨期权和看跌期权。他们是根据交易合约中所规定的交易方向，把期权分为认购期权，也就是买入的权利，认沽期权，也就是卖出的权利。看涨期权，期权买方拥有在未来某一时间以特定价格买入标的资产的权利。看跌期权，买方拥有在将来某一时间以特定价格卖出标的资产的权利。这里通过看涨和看跌期权就构成了一个看涨的方向和看跌的方向。

认购期权放左边，认沽期权放右边。看涨期权和看跌期权的波动方向一般是相反的，大部分情况下一边上涨，另一边就会下跌。中间行权价的意思就是，行权日的时候，期权的权利方有以这个价格买入期权标的的权利，或者有卖出期权标的的权利。

欧式期权/美式期权。根据期权合约中行权方式的不同，期权可以分为欧式期权和美式期权。欧式期权只能在到期日的当天行权，比如 50ETF 期权、铜期权。50ETF 期权，期权到期日是每个月的第四个星期三，只能在这特定的一天进行期权交割。美式期权，买方可以在到期日及到期日前的任何交易日行权，比如豆粕、白糖、橡胶、玉米、棉花。这有什么好处呢？商品期货的持仓量非常少，尤其是变成实值期权后，持仓量都是几百张，点差非常大，如果在二级市场上进行期权交易，可能会有损失，但是这一期货可以马上行权，变成期货品种后再进行交易，流动性就好很多。

现货期权／期货期权。根据合约中的标的资产的分类，期权可以分为现货期权和期货期权。比如现在的 50ETF 期权，就是现货期权，行权后得到的是现货，期货期权行权后，得到的是期货合约。比如沪铜，它拥有很多个合约，每一个期权对应的月份就是它期货的月份。

场外期权／场内期权。根据期权交易的场所不同，可以分为场外期权和场内期权。场外期权主要是针对机构投资者，它是在非集中交易场所进行的非标准化的期权合约，比如我们的行权交易方式，交易价格等条约，都是合同中签订好的，缺乏统一的标准。场内期权合约，首先是在场内交易或者说通过交易所平台进行交易，其次所交易的合约都是交易所进行标准化的。国内目前有七个型：50ETF，橡胶、沪铜、豆粕、玉米、白糖、郑棉。

期权和期货同样作为衍生工具，都有风险管理、资产配置和价格发现等功能，但是期权又有一些独特属性。期权更便于风险管理，可以实现套保功能，能够有效度量和管理波动风险，同时还能更精细地进行风险管理。

期权投资的独特优势

期权属于一种投资，但更准确地说是一种工具，一种投资或者进行风险管理的工具，因为它除了可以进行投资以外，还能和股票相搭配以降低投资风险，获得更大的收益。总的来说，期权主要有以下几大优势：

一、投资成本低，资金利用率高

投资期权所需要的资金只是投资标的资产的一小部分，而且这种杠杆式的投资工具能让投资者更加有效地运用资金及分散投资。且作为期权买方，无需缴纳任何保证金，避免了因市场突变，追缴保证金的风险。投资者只需要付出一小部分的资金而有可能得到比较大的收益，一般而言买一份期权的价格仅仅只是股票的十分之一，所以相当于买一份股票的钱可以用来买十份期权，股票如果上涨的话可以获得好几倍的收益率，但是需要清楚的是如果这样操作，同时被放大的还有风险。

二、自由组合，增加收益

期权有不同的行权价及到期日，投资者可将之组合成不同的期权买卖策略，无论在升市、跌市、震荡市、或突破市都可派上大用场。当投资者持有某一投资组合，可以卖出较高行权价的看涨期权为自己的投资增加收益。若期权到期时资产价格低于行权价，期权未被行权，投资者便可赚取卖出期权所得的权利金。若在到期时资产价格高于行权价，则期权会被行权，而投资者可以按期权的责任以较高行权价卖出手上标的资产套利。

三、设定资产买入价，低价格购买资产

投资者可以利用卖出较低行权价的看跌期权，为预购资产设定一个较低的买入价（即行权价等于或接近心目中的资产买入价）。若资产价格在到期时维持在行权价之上而期权未被行使，投资者可赚取卖出期权所得的权利金。若资产价格在到期时维持在行权价之下而期权被行权的话，投资者便可以按期权的责任以原先设定的买入价（即行权价）买入指定的资产，而实际成本则已因获得权利金收入而有所减少。

表9-3 境内外业务对比

	香港券商	内地券商
A股标的	两融标的、非两融标的（科创板、创业板等）	两融标的
全球市场	全球主要证券市场标的	小部分海外标的
客户准入	个人（PI）、普通机构（PI）、金融机构*	法人机构（532）、资管产品（552，有集中度限制）
报价货币	人民币报价	人民币报价
结算货币	离岸人民币交收	人民币交收
强制赎回	一般无涨停及连板强制赎回要求	有涨停连板强制赎回条款

*PI认证（专业投资者认证）：不论个人、普通机构还是金融机构，华通证券个股场外期权的准入条件均为不低于800万港币或等值外币的资产证明。

四、对冲市场风险，保留盈利机会

期权套保的优势非常大，期权之所以在历史上产生就是因为期权套保带来了一些期货套保所没有的优势，既可以对冲风险又保留了盈利的机会，同时还可以构建不同的期权组合来降低套保成本。当投资者希望为所持有的投资组合对冲市值下跌风险时，买入看跌期权是其中一种可以对冲市价下跌风险的方法。例如当投资者手持的标的资产已见账面利润，但开始对该投资组合的前景感到不明朗，投资者可以继续持有该资产博取潜在的上升空间，同时利用一部分账面利润买入看跌期权以作为资产价格下跌的保险，而无需担心太早或太迟卖出手持资产。

五、构建结构化产品，回报形式多样

期权是结构化产品尤其是保本型产品的基础构成。通过期权构成的场外产品（OTC）涉及资产标的众多，回报形式多样化，可以满足个性化定制。最为一般的结构是零息债券和期权组成，前者能满足客户对本金的要求（保本或部分保本），后者通过杠杆功能增加风险暴露，使得投资组合增值。也可以利用 ETF 代替零息债，将红利收益投资期权。

虽然期权有上述这些优势，同时也会有一些缺点，那就是这种投资方式对投资者有较高的要求。投资是有一定的风险的，大家一定要谨慎地对待。

黄金期权

黄金期权交易是指在期权市场上进行的针对黄金价格变化的投资交易。这里的黄金是指金属黄金，也称为珠宝黄金或工业黄金，是一种重要的贵金属。投资者可以买入或卖出黄金期权合约，以赚取差价或保值。

黄金期权有三种形式，即买期权、卖期权和买卖期权。

一、买期权

又称看涨期权。买期权是买方支付了一定的期权费后取得未来某时，有权在一定的价格购入一定数量的黄金的资格。他可在一个购销双方都确定的日期内的任何一天行使权利。买期权者认为价格将会上升，同时又将风险限制在付出的期权费之内。期权费随黄金期货价格的上升而上升，随期货价格下跌而下跌。而对期权的卖出方来说，获得的期权费减去佣金（佣金支付给经纪人），就是他放弃权利的机会成本。他只有按期货合约的交割价格出售期货合约的义务，无论金价如何变动，他也不会获得额外的费用，他所处的位置与期权的所有者相反。

二、卖期权

又称看跌期权。购买这种期权者，在支付了一定的期权费后，获得了按成交价出售一定数量黄金的权利。当然这也有时间的限制，就是在期权合约到期之前的任何一天或在合约到期日的当天行使出售黄金的权利。这种方式是替代做空头交易的一种好方法。一般投资者不卖出期货，除非卖期权的合理价格不被接受。但有了买期权，对交易商来说，至少存在一种长期收益的机会，而这种利润是较巨大的。卖期权为交易商提供了做空头交易的更好工具和机会。在一般的期货交易中，如果交易商卖出期货后金价上升了，并有进一步上升趋势，这会使交易商感到沮丧；为弥补损失，在匆促中又购入期货；但随之而来的是价格出人意料地下跌了，这往往使黄金交易商不知所措。但交易商拥有卖期权后，避免了投资者受价格朝不利他的方向变化带来的消极影响。因为他有一定的时间范围可以售出期货。任何期间的价格运动都无法迫使他清仓或受损。他有足够的时间控制局势，也并不受情绪的波动而影响判断。如果他购得卖期权后，金价大幅下跌，卖期权（看跌期权）费用也会增加，而交易商可以出售他的卖期权而获得利润。如果金价不如判断的那样下跌，而是上升，拥有卖期权的投资者的损失仅是以前支付的期权费，而如果他出售的是期货，那损失就大得多了。

表9-4　黄金期权合约规则

业务类型	申请时间	申请渠道
到期日提交行权申请	到期日 15:30 之前	交易终端及会员服务系统
到期日提交放弃申请		
到期日行权前双向期权持仓对冲平仓申请		
到期日行权后双向期货持仓对冲平仓申请		
到期日履约后双向期货持仓对冲平仓申请		
做市商期权持仓不自对冲申请	非到期日 15:00 之前 到期日 15:30 之前	

三、买卖期权

即购销期权。即购入期权者既可买期权又可卖期权,也是上述两种期权的合并。拥有双重期权者注重市价的反复无常变化,而不追寻其一般的规律,如上升或下跌。双重期权很明显比前两者更具灵活性。

要在黄金期权交易中取得成功,投资者需要与时间赛跑,精通市场分析和预测技巧,了解市场先前价格走势、当前市场情况和趋势等影响因素。

黄金市场对于黄金期权交易至关重要。投资者应当了解黄金市场的基本情况,包括交易时间、交易品种、后台交易机构等。此外,投资者应当关注国家重大政治事件、国际紧急事态和金融市场变化,以及主要黄金矿山的产量和消费量等信息,以更好地掌握市场动态。

期权并不适合每一位交易商和投资者，但期权提供了较为灵活而广泛的投资策略，以期达到变动的交易和投资目标。黄金期权为市场交易的双方，无论是多头还是空头，都提供了一个能获利或保护本金的手段。投资期权最主要的优势在于它是一种风险限制性投资，要完成期权交易，投资者只需关注市场变化即可。

大宗商品期权

随着金融市场的不断发展和完善，大宗商品期权交易逐渐成为一种重要的投资方式。通过大宗商品期权交易，投资者可以在支付一定费用的情况下，获得在未来某一特定时间以特定价格买卖商品的权利。这种交易方式既可以对冲商品价格变动的风险，也可以作为一种投资手段获取利润。

大宗商品期权交易，就是以大宗商品为标的物，然后用期权这个金融衍生工具进行交易的方式。期权是一种金融衍生品，它赋予买方在未来的特定日期（到期日）以约定的价格进行交易的权利，但并不强制买方实施交易。大宗商品期权允许投资者在未来购买或出售特定大宗商品，从而在市场波动中进行对冲和投机。

常见的大宗商品类型有以下几种：

一、能源类

原油、天然气、煤炭等是能源类大宗商品，它们在能源供应和价格波动方面具有重要作用。

二、金属类

包括黄金、白银、铜、铝、锌、镍、铅等，这些金属广泛用于工业生产和制造。

三、农产品类

包括小麦、大豆、玉米、棉花、糖、咖啡、可可等农产品，它们是全球粮食和农业市场的重要组成部分。

四、贵金属类

除了黄金和白银之外，还包括铂金、钯金等，这些金属在珠宝、工业和金融市场中具有重要地位。

五、其他类

大宗商品的范围还包括橡胶、棕榈油、棉纱等其他原材料和初级产品。

大宗商品期权的交易类似于其他期权合约的交易，投资者可以选择买入或卖出期权合约。买入看涨期权意味着投资者预期标的大宗商品价格上涨，并希望在未来以约定价格买入该商品。买入看跌期权意味着投资者预期标的大宗商品价格下跌，并希望在未来以约定价格卖出该商品。

相反，卖出看涨期权是指投资者认为大宗商品价格不会上涨，愿意提供他人购买该商品的权利，并获得权利金。卖出看跌期权是指投资者认为大宗商品价格不会下跌，愿意提供他人卖出该商品的权利，并获得权利金。

从本质上来说，商品期权与其他期权的性质是一样的，期权的买方有权利、但没有义务，在规定的时间范围内，按预先确定的价格买入或卖出一定数量的合约，在进行期权交易时，一定要考虑风险控制和止损策略，为确保准确而及时地进行下单，投资者应研究所选择平台或参与者提供的具体操作指南，并遵守相关法规和市场规定。

但是，商品期权的标的多为商品期货，波动率一般比较大，容易受到季节影响，各种商品价格之间的相关性比较大，而且应该有较大的季节效应。

总之，商品期权交易虽然具有较高的风险性，但同时也带来了丰富的投资机会和收益潜力。通过充分了解并掌握期权交易的操作方法、策略及风险控制技巧，投资者可以更好地把握市场机遇，实现资产的有效增值。在进行商品期权交易时，务必谨慎行事，切勿盲目跟风或冲动投资。

股指期权

股票指数期权是在股票指数期货合约的基础上产生的。期权购买者付给期权的出售方一笔期权费，以取得在未来某个时间或该时间之前，以某种价格水平，即股指水平买进或卖出某种股票指数合约的权利。

第一份普通股指期权合约于 1983 年 3 月在芝加哥期权交易所出

现。该期权的标的物是标准普尔 100 种股票指数。随后，美国证券交易所和纽约证券交易所迅速引进了股票指数期权交易。

根据不同的分类标准，股指期权可以分为以下几种：

一、根据标的资产分类

根据标的资产的不同，股指期权可以分为股票指数期货期权和股票指数现货期权。股票指数期货期权是以股票指数期货合约作为标的资产的期权，而股票指数现货期权则是以股票指数现货合约作为标的资产的期权。

二、根据行权方式分类

根据行权方式的不同，股指期权可以分为欧式期权和美式期权。欧式期权只能在到期日行权，而美式期权可以在到期日或到期日之前任何时间行权。

三、根据交易场所分类

根据交易场所的不同，股指期权可以分为场内期权和场外期权。场内期权是在交易所上市交易的期权，而场外期权则是在交易所之外交易的期权。

四、根据合约类型分类

根据合约类型不同，股指期权可以分为认购期权和认沽期权。认购期权是赋予持有者在未来某一特定日期或该日之前的任何时间以固定价格购进某种资产的权利。而认沽期权是赋予持有者在未来某一特定日期或该日之前的任何时间以固定价格出售某种资产的权利。

五、根据标的指数分类

根据标的指数的不同，股指期权可以分为单市场期权和跨市场期权。单市场期权是指以单一股票指数为标的资产的期权，而跨市场期权则是指以两个或多个股票指数为标的资产的期权。

股指期权的种类繁多，投资者可以根据自己的需求和偏好选择适合自己的股指期权产品。股票指数期权给投资者提供了在股票指数的价格波动中获利的机会，利用股票指数期权进行套利是一种常见的投资策略。

一、期权套利

期权套利是指投资者通过买入或卖出不同行权价、到期日的股票指数期权，利用期权的时间价值和波动性来获利。例如投资者可以采用组合买入一份认购期权和同时卖出一份相应到期日、行权价低一些的认购期权的策略，以期获得价格差额的收益。

二、套期保值

套期保值是指投资者在持有实际资产（如股票）的同时，买入或卖出相对应的股票指数期权来锁定或减轻资产价格波动带来的风险。例如投资者可以在持有股票的同时买入相应的认沽期权，以降低股票价格下跌所带来的损失。

三、蝶式套利

蝶式套利是指投资者在同一到期日的期权合约中同时买入或卖出三份不同行权价的股票指数期权，利用期权的时间价值和波动性之间的差异获利。例如投资者可以买入一份较低行权价的认购期权，卖出两份中间行权价的认沽期权，再买入一份较高行权价的认购期权，以赚取期权价格的差额。

我们可以通过利用股票指数期权进行套利来管理风险和获得更高的收益。但是，我们在实施套利策略前需要深入了解期权市场，进行风险评估，并合理选择合约和管理持仓，以确保投资的安全和盈利的实现。

个股期权

个股期权交易最活跃的市场在美国。美国期权市场发展成熟，种类丰富。个股期权近 10 年在美国呈井喷式增长，目前成交量在各类期权中居首位，占美国衍生品交易量的 30% 以上。

从全球范围来看，个股期权也是目前交易最活跃的衍生品。

个股期权合约是指由交易所统一制定的、规定合约买方有权在将来某一时间以特定价格买入或者卖出约定标的证券的标准化合约。

个股期权有场内个股和场外个股两种：

场内个股期权是指在交易所进行的期权交易。交易所提供标准化的期权合同，投资者可以在交易所进行买卖交易。场内期权交易的标的资产可以是股票、指数、商品等。场内期权有我们熟知的上证 50ETF 期权，也是我国第一只上市的场内期权，后续在各个板块都上市了期权品种，比如股指期权、商品期权和期货期权等，这些都属于场内期权，需要开立一个期权账户便可在二级市场买卖。

　　场外个股期权是指由两个独立的对手方协商达成的期权合同。这种期权交易不在交易所进行，而是由投资者自行协商和达成。场外个股期权的交易对象可以是股票、货币、商品等各种金融产品。早在 2017 年，交易所就推出了场外个股期权，至今为止仍可以在场外进行交易。然而场外个股期权的买方仅限于机构而非个人投资者，而卖方有中信、银河期货、申银万国等头部券商。参与门槛为 100 万元人民币名义本金。与交易所交易的期权不同，场外个股期权是由交易双方达成的合约，交易双方可以自由协商期权的条款，包括标的物、行权价格、到期日等。场外个股期权的交易双方包括期权买方和期权卖方。期权买方是指购买场外个股期权的投资者，他们有权在到期日以行权价格购买或出售标的股票。期权卖方是指出售场外个股期权的投资者，他们有义务在到期日以行权价格出售或购买标的股票。场外个股期权的标的物可以是任何股票，包括上市公司的股票和非上市公司的股票。期权的到期日可以是任何日期，但通常是一个月、三个月或六个月。行权价格是期权买方在到期日可以购买或出售标的股票的价格，它通常与当前股票价格有关。

表9-7 场外个股期权应用场景（一）

情 　 景：张三成功抄底，目前账户有较大浮盈，陷入了纠结：提前获利了结的话，害怕股价继续上涨；不平仓又怕浮盈变浮亏，该怎么办呢？

推荐方案：卖出股票并购买该股票的看涨期权，给收益上保险，锁定确定性收益。

示 　 例：中青旅（600138）初始价格10元，张三成功抄底1万股，目前股价涨到15元，账面浮盈50%。我们推荐张三将股票平仓，了结获利5万元并收回10万本金，然后用盈利部分买入100万名义本金的3个月到期的平值看涨期权，期权费率为3%，期权费为3万元。即使期权到期亏损，张三依旧享有2万块的净收益，净收益率达20%。

不同策略收益对比：

	15元平仓	平仓后购买期权		未平仓未购买期权 *	
到期股价 / 元	15	20	10	20	10
净收益 / 万元	5	30.33	− 3	10	0
净收益率	50%	1011%	− 100%	100%	0%
总体收益 */ 万元	5 万	32.33	2	10	0
总体收益率 *	50%	323.3%	20%	100%	0%

期权收益计算详情

到期股价涨至20元时：

股价涨幅 =（20 − 15）/15=33.33%；个股场外期权净收益 =100 万 ×（33.33% − 3%）=30.33 万；个股场外期权净收益率 =30.33 万 /3 万 =1011%；总体收益 =2 万 +30.33 万 =32.33 万；总体收益率 =32.33 万 /10 万 =323.3%。

到期股价跌至10元时：

股价涨幅 =（10 − 15）/15= − 33.33%；个股场外期权净收益 = − 3 万（股票涨幅＜期权费率，亏损掉全部期权费3 万）个股场外期权净收益 = − 3 万 /3 万 = − 100%；总体收益 =2 万（现货5 万获利抛去3 万期权费的2 万盈余）；总体收益率 =2 万 /10 万 =20%。

* 未平仓未购买期权是指张三在15元时未平仓，继续持有现货；
* 总体收益是指从初始价格10元开始到最终，每个策略的收益；
* 总体收益率同样指初始价格10元开始到最终每个策略的收益率。

场内期权和场外期权之间是有一定区别的：

一、合约条款

场内期权的合约条款是标准化的，交易双方只能在交易所规定的合约条款范围内进行交易。场外期权的合约条款可以由交易双方自行协商，交易双方可以根据自己的需求和协商达成交易。

二、流动性

场内期权交易通过交易所的交易系统进行买卖，交易流程透明，市场价格公开，具有高度的流动性和透明度。而场外期权交易是私下协商的交易，缺乏公开的市场报价，流动性相对较差。

三、对手风险

由于场外期权交易是私下协商的交易，存在对手风险，即合约另一方无法履约的风险。而场内期权交易受交易所监管，可减少对手风险。

四、交易成本

场内期权往往具有较低的交易成本，例如手续费等。而场外期权的交易费用可能会因为定制化和中介机构的参与而较高。

总的来说，场内期权和场外期权在交易流程、合约标准化、对手风险和费用等方面存在较大的差异，投资者可以根据自身需求和风险偏好选择适合自己的期权交易方式。

表9-8　场外个股期权应用场景（二）

情　　景：张三判断市场某行业接下来会有一波行情*，但是不确定会是该行业中的哪只股票大涨，买多只资金成本太高且资金利用率低，重押一只又怕押错了，错过行情而踏空。

推荐方案：可以购买看涨期权上车，如果行情没来，最多亏损期权费；如果行情来了，通过场外个股期权获取加倍杠杆的收益。

示　　例：张三预计生鲜电商概念将在最近一段时间迎来大爆发，但是不确定是三江购物（601116）、步步高（002251）、永辉超市（601933）中的哪只，可以购买三只股票的看涨期权。假设当前三江购物股价为10元，步步高股价为6元，永辉超市股价为3元，对应的期限1M的平值看涨期权费率分别为4%、3%、2%。3只股票张三各买100万名义本金，对应期权费为4万、3万、2万，共计成本9万块。

不同策略收益对比：

标的	当前股价	1个月后标的的涨幅	只买三江购物现货	只买步步高现货	只买永辉超市现货	三只现货平均买	期权到期净收益（元）*
三江购物	10元/股	10%	90手	0	0	30手	60000
步步高	6元/股	5%	0	150手	0手	50手	20000
永辉超市	3元/股	-5%	0	0	300手	100手	-20000
1M后净收益（元）			9000	4500	-4500	0	60000
1M后净收益率			10%	5%	-5%	0%	66.67%

*如果用户认为会有大跌行情到来，也可以通过看跌期权实现防踏空

*期权收益计算详情：三江购物期权净收益=100万×（10%-4%）=6万；步步高期权净收益=100万×（5%－3%）=2万；永辉超市股价涨幅<期权费率，亏损掉全部期权费，净收益=－2万；期权整体净收益=6万+2万－2万=6万；期权整体净收益率=6万/9万=66.67%

个股期权价格的影响因素主要有 5 个，它们是标的证券的价格、期权的行权价格、期权的到期日剩余期限、标的证券的波动率和无风险利率，它们通过影响期权的内在价值和时间价值来影响期权价格。

标的证券的价格：对于认购期权，标的证券价格越高，期权价值越高；对于认沽期权，标的证券价格越低，期权价值越高。

期权的行权价格：对于认购期权，期权的行权价格越低，期权价值越高；对于认沽期权，期权的行权价格越高，期权价值越高。

期权的到期日剩余期限：对于认购期权，到期日剩余期限越长，期权价值越大；对于认沽期权也一样，到期日剩余期限越长，期权价值越大。

标的证券的波动率：对于认购期权，波动越大，期权价值越高；对于认沽期权也一样，波动越大，期权价值越高。

无风险利率：对于认购期权，无风险利率越高，期权的价值越大；对于认沽期权，无风险利率越高，期权的价值越小。

个股期权具有以下主要特点：

一、看涨和看跌两类

个股期权主要分为看涨和看跌两大类。期权买方无论看涨还是看跌，都只有权利而无义务，即在到期时可以选择按约定价格买入或卖出，但这是买方可以自由选择的。卖方则无论看涨还是看跌，都必须无条件履行合同。

二、有限风险，理论上获利无限

期权买方的风险是有限的，最大亏损为支付的权利金，但理论上获利是无限的。相反，期权卖方的风险是无限的，因为卖方在行权时须无条件履行，而收益则是有限的，最大收益为权利金。

三、适用于对冲风险和套利

个股期权更适合机构用于对冲风险或进行套利。对于期权买方，最大损失有限，但可以通过杠杆获得较大的获利机会。而期权卖方风险无限，通常需要更多的资金支持。

四、影响正股交易量

在海外，个股期权的推出通常对正股的交易量有一定的拉动作用。期权的双向交易和日内回转交易特点吸引了大量投资资金，同时也带来了较大的套利机会。

表9-9　场外个股期权应用场景（三）

情　　景：张三强烈看好某只股票 *，但无奈手中资金有限或不想
　　　　　占用大量现金来操作，融资融券杠杆又很低，该怎么办
　　　　　好呢？
推荐方案：可以通过个股场外期权来加杠杆，用小额期权费充当大
　　　　　额名义本金
示　　例：张三强烈看好贵州茅台（600519），认为大涨的确定性非
　　　　　常高，但贵州茅台当前股价1800块一只，一手就要18
　　　　　万，太贵了。我们推荐张三买入300万名义本金的贵州
　　　　　茅台为期1M的平值看涨期权，期权费率为6%，期权费
　　　　　刚好可以买一手茅台。通过个股场外期权，张三给贵州
　　　　　茅台加了16.67*倍的杠杆，这是融资或配资所完全实现
　　　　　不了的。

不同策略收益对比：

到期股价（元）	期权净收益 （净收益率）	一手现货净收益 （净收益率）
2200	48.66 万（270.33%）	4 万（22.22%）
1800	-18 万（-100%）	0（0%）
1400	-18 万（-100%）	-4 万（-22.22%）

期权收益计算详情
到期股价2200元：
股价波幅=（2200－1800）/1800=22.22%　期权净收益=300 万 ×
（22.22%－6%）=48.66 万　期权净收益率=48.66 万 /18 万=270.33%
到期股价1800万：
股价波幅<期权费率，亏损掉全部期权费；
到期股价1400万：
股价波幅<期权费率，亏损掉全部期权费

* 此处也可为强烈看空某只股票，通过看跌个股场外期权加杠杆
* 个股场外期权杠杆 = 名义本金 / 期权费
　此示例中的 16.67 即 300 万名义本金 ÷18 万本金的结果

　　股指期权与个股期权有着密切的联系，因为归根到底两类产品
都是从股票现货衍生出来的金融期权产品，其合约条款也有许多类

似的地方。全球最早出现的股票期权是芝加哥期权交易所推出的个股期权的买权。但近十几年来，多数交易所都是先推出股指期权，然后推出个股期权产品。从海外市场发展经验来看，新兴市场发展金融衍生产品通常都是从股指类衍生产品开始。

表9-10　场外个股期权应用场景（四）

情　　景：张三持仓的股票已经跌了很久了，久久不能解套，也不甘心高买低卖。但是不割肉行情又很差，害怕跌幅进一步扩大导致套得更深，为此寝食难安。

推荐方案：可以购买该股票的看跌期权做对冲减少损失，如果股价进一步下跌，可以通过看跌期权赚取一部分收益减少亏损；如果行情反弹，最多亏损掉期权费，现货持仓可以赚取收益。

示　　例：张三于2023年1月11号以每只股票28元的成本购买了100手的安奈儿（002875），过了一个月股价跌到了17块，账户浮亏11万。此时张三可以购入100万名义本金为期1月的平值100%看跌期权，期权费率为3%。

不同策略收益对比：

到期股价	仅持现货的净收益（万元）	现货＋期权的净收益（万元）
20	3	0
14	-3	11.65

此方案同样适用于持有定增或大小非限售股的投资者

期权收益计算详情：到期股价20元：仅持现货收益：（20－17）×100×100=3万；期权净收益＝－3万（跌幅＜期权费率，亏损掉全部期权费3万）；现货＋期权的净收益＝3－3=0；到期股价14元：仅持现货收益：（14－17）×100×100＝－3万；股票跌幅＝（14－17）/17=17.65% 期权净收益＝100万×（17.65%－3%）=14.65万；现货＋期权的净收益=-3+14.65=11.65万与股指期货交易相似，期权交易属于衍生品交易，风险高于现货，因此管理层将实行较为严格的"合格投资人管理制度"，对拟参与个股期权交易的投资者设置门槛。

据了解，投资者期权账户由有期权业务资格的证券公司直接为投资者开立，个人投资者申请开户时，保证金账户可用资金余额应不低于人民币 100 万元。这一资金门槛高于股指期货。中国金融期货交易所规定，个人投资者申请开设股指期货交易账户时，保证金账户可用资金余额应不低于人民币 50 万元。

此外，拟开户投资者还须具备个股期权基础知识并通过相关测试，至少具有累计三个月以上的个股期权模拟交易经验，完成包括到期行权在内的从开仓到交割的至少一个完整交易周期，完成至少 5 笔期权卖出开仓交易，且已开通融资融券交易账户。